创业

创业经理人

唐日新　曹宇红　著

Entrepreneurial Manager

電子工業出版社
Publishing House of Electronics Industry
北京 · BEIJING

图书在版编目（CIP）数据

创业经理人/唐日新，曹宇红著. —北京：电子工业出版社，2019.11

ISBN 978-7-121-37630-6

Ⅰ. ①创…　Ⅱ. ①唐…　②曹…　Ⅲ. ①企业管理－研究　Ⅳ. ①F272

中国版本图书馆 CIP 数据核字（2019）第 229777 号

责任编辑：晋　晶
文字编辑：杨洪军
印　　刷：涿州市京南印刷厂
装　　订：涿州市京南印刷厂
出版发行：电子工业出版社
　　　　　北京市海淀区万寿路 173 信箱　邮编：100036
开　　本：720×1000　1/16　印张：15　字数：216 千字
版　　次：2019 年 11 月第 1 版
印　　次：2019 年 11 月第 1 次印刷
定　　价：65.00 元

凡所购买电子工业出版社图书有缺损问题，请向购买书店调换。若书店售缺，请与本社发行部联系，联系及邮购电话：（010）88254888，88258888。

质量投诉请发邮件至 zlts@phei.com.cn，盗版侵权举报请发邮件至 dbqq@phei.com.cn。

本书咨询联系方式：（010）88254199，sjb@phei.com.cn。

推荐序 1

在 IBM 工作 34 年后，因缘际会，我有幸加入顶象技术，成为该公司的一员，从而有机会在拥有互联网基因但服务 To B 的创业公司工作，感受着两种文化的精髓和互补的必要性。

在顶象工作，除了创始人兼董事长对我（和所代表的 To B 经验）绝对的宽容和授权，这段时间，我自省并认真观察周遭能发挥所长且能顺利融入创业公司的原大公司同事，企图总结相通的特质作为自我改进和后进的参考。日新不嫌弃我在创业公司有限的经验，让我有机会先睹《创业经理人》，并邀我记录所思所想。

我特别赞赏“创业经理人”这个词，从能力和心态上，该词绝对是传统“职业经理人”的升级版！作者基于众多实例，做了细致并全面的深度思考，沉淀出有理论基础且实用的精华，远不是我以有限的样本及局限的经验能做到的。尤其佩服作者有一颗和大家分享的心，不论是醍醐灌顶或心有戚戚焉，大善也！对本书总结的五大核心素质，我完全认同。与其从不同的角度复述，不如我以个人经验来验证这五大核心素质。

先容我描述我在IBM不同部门工作常态的体验及自我要求，其中也有很多IBM同事对我的分享：

- 除去 IBM 的光环，有被客户和市场认可的价值。常问自己，有什么价值？有什么新意？有什么值得员工和客户认可的地方？（自在观心）
- 不同部门的专业和经历，有利换位思考。公司超越团队和个人，欣赏不同的人才，协作以创造价值。（有境无界）
- 好的领导能发挥每个员工的特长并创造一个员工舍不得离开的氛围！（大情小事）
- 着重动手能力：管理和带头作战都能，说和写都行，随时能补位。（“一艺孤行”）
- 将所负责部门当成自己的小公司来管理，策略规划和战术执行并重。（顺势而为）

虽不完全契合，但我上述信念部分实践了作者总结的五大核心素质，本书也为我能顺利融入不同文化提供了理论基础！

在新生态、新模式、新科技的冲击下，今天的企业在传统的业务板块外同时寻求创新的业务和做法，企业客户更是早已走在变革、转型和创新的道路上。本书所述，不仅可供已在或将在创业公司工作的经理人借鉴，也完全适用于各企业/公司及各层级的职业人！读者可基于五大核心素质，对自己做个人画像，有方向地自我提醒并修炼，因为行为的持续进步将导致习惯和人格的正面改变。

至于来自不同背景在创新公司工作的我们，在本书直观的提点下，能做到更好的融合；让“我”（大企业或互联网公司）和“你”（互联网公司或大企业）成就“我们”，为中国企业的进展尽一己之力！

王天義（Shally Wang）

IBM 大中华区前任总裁

北京顶象技术有限公司总裁

推荐序 2

活出新高度

1

本书不是一本职业经理人的职场指南，而是一部创业公司的成长圣经；本书不是一本创业者的心灵鸡汤，也不是一本管理学的鸿篇巨制，而是一曲曲创业经理人事业绽放的人生颂歌，更是一条条从经理人到创业者的艰难修炼之道。

近 20 年来，1 500 多名阿里系校友和 1 300 多名腾讯系校友离开东家之后，依旧为世界带来了微小而美好的改变，成为最受媒体、风险投资关注的中国创业第一军团，是创业成功率高、具有永不放弃精神的创业家群体。我同意作者提出的新认知："创业并非一种职业，而是一种生活，既能激发人性的美好，也会凸显人性的阴暗。人并非绝对理性的，最多是有限理性的。"

为什么时代在召唤创业经理人？作为一名全力以赴的创业者，当你在艰辛的创业路上跋涉时，你有自己的"支持系统"吗？当你失败时，有人轻声安慰你；当你迷茫时，有人为你在前方点亮一盏灯；当你精疲力竭、冻得瑟瑟发抖时，有人邀你坐在篝火边烤烤火、喝喝茶，聊聊一路上的风霜。我拥有和作者一样的希冀：“作为创业中艰难前行的伙伴，创业经理人付出的一方面是专业技能，帮助创业者搞定人、办成事，另一方面，双方如果能够在心灵上彼此懂得、彼此支持，这种‘心灵伙伴’的能量对于双方而言，都是创业之旅中无价的宝藏。”

如何成为自我驱动的创业经理人？为什么我要拿着职业经理人的薪水，去操着老板的心？职业经理人经常在成长型企业中陷入“自我证明”的悖论，越想证明自己就越容易单打独斗，越单打独斗就越难取得成绩，也越难证明自己。职业经理人，特别是高薪请来的空降兵总觉得自己“怀才不遇，遇人不淑”，公司老臣甚至老板总觉得他们“眼高手低，没尽全力”。一边希望被赏识、被信任，能够一展身手，一边极度渴望着人才。作者认为，“自我驱动是寂寞而痛苦的，是脑力、体力和心灵的多重付出。所谓心力交瘁大抵如此，但是我们很少听说过脑力交瘁”。

经理人的职业化是一个企业健康成长的基本保障，经理人的创业精神更是一个企业迈向未来基业长青的关键。

2

千军易得，一将难求。你从“正规部队”挖来一员大将，看重他的是什么？可以接纳的是什么？你需要做哪些调整？

克劳塞维茨在《战争论》中说道：“面对战争中的不可预见性，优秀的指挥员需要具备两大要素：第一，在最黑暗的时刻，也具有能够发现一线微光的慧眼；第二，敢于跟随这一线微光前进。”看到希望、重塑希望，优秀的领导者总是能点燃自己，继而点燃他人、激发组织。

我希望他们是一群在逆境中蛰伏、有备而战的卓越领导者，在不同的战场和时间线上，情愿慢一点，偃甲息兵，也要蓄粮积力，充实府库，具有休养生息的大智。顺境中，如履薄冰，战战兢兢，未雨绸缪，防患于未然，当市场好的时候，你要想怎么应对下一个危机和经济周期的到来。

我希望他们也是一群临事有勇、不畏死神、敢于穿越死亡之谷的创业勇士，具有百折不挠、愈挫愈奋的大勇；他们经历了血流成河，伏尸千里，内心深处却是置之死地而后生的毅然决然，永不放弃。

我希望他们是一群敢于否定自我，有组织地放弃幻象，从成功的流沙中走出来的企业家。他们通过对风险的认真计算和及时把控，审时度势后有组织地主动放弃，顽强地抵御了对欲望魔鬼的诱惑。当命悬一线时，终于在绝望之谷大彻大悟，凤凰涅槃。只有九死一生，经历烈火煎熬和痛苦考验后的重生和升华，其羽更丰，其音更清，其神更髓。

我希望他们懂得失败的意义，过去乔布斯总能失败后东山再起，重要的就是他在出局时，抓住机会认真面对自己内心对于热情的追寻。因此，他把落入失败视为生命中的苦口良药和寻找“真爱”的试炼。愈深的挫折反而让他更看清真相，激起热情，坚持真爱。他说：“（1985 年）苹果公司开除我，是我人生中最好的经验。从头开始的轻松释放了成功的沉重，让我进入了这辈子最有创意的时代。”

3

道不同不相为谋，如果一个创业企业主要成员目标追求各异，同床异梦，就难以形成组织的凝聚力。面对差异，不是争执“你对”或“我对”，而是认可彼此的价值，聚焦目标，深入探寻“我们如何可以……”“假如……我们还可以……”。经理人和创业者只有在共同的企业文化氛围中，特别是在共同价值观、共同使命和共同目标下的团结，才是持久的牢不可破，而基于单一利益导向的团结都是短暂和不牢固的。在创业中，其实“心力”更重要……当你有这个时，你才可以去感染人，你才可以让大家为你的梦想而激动，你才会愿意投入无穷无尽的心力，去创造、去改变、去引领。作者为我们描绘了一幅生动的“心力画面”：它是一种温度、一种气度，甚至是一种烈度。

管仲说：“利出一孔者，其国无敌；出四孔者，其国必亡。”任正非在谈到华为的组织能力建设时，专门写了一篇文章“力出一孔，利出一孔”。团结的力量来自共同的使命追求与目标聚焦，才能力出一孔。他说：“水和空气是世界上最温柔的东西，因此人们常常赞美水性轻风，但同样是温柔的东西，火箭可是空气推动的，火箭燃烧后的气体，通过一个叫拉法尔的小孔，扩散出来的气流，产生巨大的推力，可以将人类推向宇宙。像美人一样的水，一旦在高压下，从一个小孔里喷出来，就可以用于切割钢板，可见力出一孔的威力。15 万华为人 25 年来聚焦在一个目标上持续奋斗，从来没动摇过，就如同从一个孔喷出来的水，产生了今天这么大的成就。”

你从“黄埔军校”冲进“游击队”，在林海雪原作战，在井冈山打游击，那么，哪些战术是有效的？哪些战术需要灵活调整？哪些环节可以因陋就简？

著名的约哈里之窗——

公开区：自己知道别人也知道的方面。

隐秘区：自己知道而别人不知道的方面。

盲区：别人知道而自己却不知道的方面。

未知区：自己和别人都不知道的方面。

良好的反馈会帮助你发现并应对那些存在于你盲区中的性格。比如，阿里巴巴集团坚持的优良传统有晨会、周会、日报、周报、打卡、小记……这些举措对于成长型企业，是形成“反馈闭环”的重要组成部分。

PC 时代的霸主微软公司，曾经错失了一系列创新机会，但这家科技公司上演了一次出人意料的“大象跳舞”。2014 年萨提亚·纳德拉接任微软公司首席执行官以来，终止了公司的内斗，重振了公司的士气，恢复了增长，将微软公司的市值超越了 1 万亿美元，超过了苹果和亚马逊，成为全球第一。而做到这一切的关键，就是把精力放在最重要的事情上，主动放弃传统软件 Windows 和 Office，全力进军云服务，加大在硬件 Surface 电脑上的投入和在混合现实、人工智能和量子计算三大领域的战略布局。萨提亚认为：“任何组织和个人当达到某个临界点时，都需要自我刷新。”为了迎接智能时代的挑战，他提出自我刷新的三个关键步骤：拥抱同理心，培养“无所不学”的求知欲，以及建立成长型思维。他说：“作为这家公司的领导者，我的工作就是在狗屎堆里找到玫瑰花瓣。在一个技术激流以前所未有之势颠覆现状的世界里，同理心比以往任何时候都显得珍贵，我们必须拥抱共同的人性，去创造一个充满尊重、同理心和机遇的社会。”

4

岁月静好，负重前行。如何活出人生的新高度，活出自己的人生，活出自己的状态？

我第一次读威廉·萨默赛特·毛姆的作品《月亮与六便士》，为主人公涤荡起伏的人生所震撼。书中的剧情取材于法国印象派画家高更的生平，描述了一个原本平凡的伦敦证券经纪人思特里克兰德，因为对长年累月的那种看似幸福的生活产生了无可救药的厌倦和迷失，怀疑所做的一切违背了初心，于是毅然决然地采取了行动。只为了找寻内心的那朵蓝莲花，突然着了艺术的魔，放弃了旁人看来优裕美满的生活，奔赴南太平洋的塔希提岛，用画笔谱写出自己光辉灿烂的生命，把生命的价值全部注入绚烂的画布的故事。

毛姆在书中写道：“难道做自己最想做的事，生活在让你感到舒服的环境里，让你的内心得到安宁是糟践自己吗？难道成为年入上万英镑的外科医生、娶得如花美眷就算成功吗？我想这取决于你如何看待生活的意义，取决于你认为你应该对社会做出什么贡献，应该对自己有什么要求。但我再次闭上了嘴巴，因为我有什么资格和一位爵士争论呢？”

“满地都是六便士，他却抬头看见了月亮。”月亮高高在上，象征我们的伟大理想、我们的精神世界、我们的诗和远方；六便士是当时英国金额最少的钱，象征着我们的世俗生活、我们的物质世界、我们眼前的苟且。

什么是生活的意义？没有人能真正告诉你，需要你自己满怀勇气，去探索寻找。正所谓一千个人的心中有一千个哈姆雷特，在《月亮和六便士》里，每个人可能只看到了别人，却看不到自己。遵循自己的内心，月亮或者六便士，无论你选哪种，都是幸福的。有些人的快乐是脚下的六便士，俗世安宁，生活富裕已是幸福。有些人的快乐是皎洁的月光，就像他们并未生长在理想之所，一直在寻找心中的故乡。

阿里巴巴集团是一家什么样的公司？是什么成就了阿里巴巴集团？在大多数人看来，阿里巴巴集团是一家很现实的很赚钱的公司。但它又是一家特别富有理想主义色彩的、想活 102 年的公司。因为今天所有的企业，无论处于 0-1 的创业阶段，还是处于 1-100 的快速成长阶段，经理人都少不了累，觉得付出没有得到认可，不知道如何处理好工作与生活的平衡、处理好理想和现实矛盾的问题。

阿里巴巴集团合伙人彭蕾女士曾任阿里巴巴集团政委，她提出：“我们要用触碰心灵的方式管理人。在我的 HR 生涯中，我曾是一个活在心灵世界中的人。我两年前有一个理想，就是希望能找到一种触碰人心灵的方式，促进员工个人以及带动团队、组织成长，从而带动业务的成长，进而给更多的人创造价值，让更多的人生活更美好。”可是怎样找到这种方式，把员工心里向上的、积极的能量激发出来呢？怎样引导员工成为身心平衡的人，同时也非常积极、乐观和进取呢？彭蕾这样说道：“我特别希望，也相信我们能够在工作场所里，营造出一种氛围——不仅一起工作，也共同生活，共同享有相同的精神领域。在这样的氛围下，我们的心灵是放松的，可以更清醒地认知周围的伙伴，更加热爱生活、同事和工作。尽管我们的工作依然每天朝九晚五，下班回家依然是筋疲力尽，但这所有的累都仅停在身体层面，我们的心里没有纠结。”

5

传奇静美的黑暗深处，藏着人们最深的向往，只为在未来，与你不期而遇。人往往不是自己渴望成为的人，而是不得不成为的人；真正痛苦的是不去追求，或者求而不得，守着错误的选择煎熬一生。

从职业经理人到创业经理人，从创业经理人到创业者，从创业者到企业家，从企业家到企投家，每一个角色的进阶都是痛苦的。无论当下，你身处什么角色，如何成为一个优秀的管理者甚至成为卓越的领导者？

日新和宇红的新书《创业经理人》给出了我们及时的启迪，让我们一起从底层逻辑来参透职业经理人的转型之道和成长型企业的用人哲学。

本书是一部召唤创业经理人集体崛起的巨著，是一部关于经理人、创业者、企业家生命突围、活出另一个新高度、彼此心灵成长和并肩作战的人生指南，作者阐述的创业经理人五大核心素质的修习方法和工具将引领创业精神的集体绽放。

点燃自己，照亮世界。

颜艳春

盛景集团合伙人

山丘联康创始人兼董事长

富基控股创始人

序

野性格桑花

我们是有野心的，这种野心包含着热烈与好奇。犹如大草原上的格桑花，远望五彩斑斓、灿若云霞，近观火红、金黄、淡紫、青绿、纯白……不经意间，又冒出一种没见过的颜色、一副很喜人的模样。“格桑”意味着好时光，八瓣格桑花，更是幸福之花。

我们都是有点儿野心的创业经理人。最初，经历过外企一丝不苟的打磨，日新在 IBM 奋斗了 14 年，我在光辉国际磨炼了六七年。接着，我开始了激情而艰辛的创业生涯，又在不同的成长型企业中摸爬滚打，自己心中有不少感悟，也见识了身边众多职场人的悲欢与沉浮。

某一日，日新慨叹“人才困境”，身边不少同学和同事有的是外企高管，有的是大企业的职业精英，拥有一身本事，却似乎转型艰难或没有用武之地，在年富力强之际，心不甘情不愿地退出了职场生涯。我却对另一类场景感同身受：在一些快速发展的创业型企业中，运营、营销、研发等各个岗位都严重缺人，有些才干的年轻人恨不得三年升为总监，四年就率领一个收入上千万元的事业部。

在两类现象之间似乎有一个缺口：彼此相望，却难以跨越。我们好奇地探寻着，热烈地畅想着，优秀人才如何在广阔的事业平台上、在奇妙的百岁人生中绽放更灿烂的生命力。突然间，一个新概念“创业经理人”冒了出来！随即，一个个身边的职场案例娓娓道来，涉及经理人的心路历程、职业转型，企业家与经理人之间的悲欢离合，以及创业型企业的跌宕起伏。我们希望一大批优秀的职业经理人通过修炼“五大核心素质”，从而拥有更顺畅的转型，更丰盛的选择。我们也希望一众心怀梦想、全力以赴的创业者和企业家更懂得创业经理人，彼此成为肝胆相照、惺惺相惜的事业伙伴。

独立创业、结伴创业，加入创业型企业，成为数字游民或创业合伙人……未来社会中的职业形态多姿多彩，犹如万紫千红的大草原。格桑花生命力顽强，展现力无穷，未来将有更多“格桑花”野性绽放。

曹宇红

前言

当技术、服务、商业模式不断推陈出新，创业进行得如火如荼时，一些关键性的“突破”常常冒出来……

先看看宏观的趋势：

第一，思维突围。在科技驱动和大量的不确定性中，从“一个人是经营者、苦苦打拼”，拓展到“人人都是经营者、开放共创、跨界共生”。

第二，生活突围。从隶属于一个公司、安稳地打工生活，到企业的生命周期越来越短，人们不得不多次转型、自我雇佣。

第三，生命突围。从向世间的“苦处行”寻找出路，更多人转至向自己的“苦处行”觅得生命的意义，不负未来的百岁人生。

再看看微观的尴尬：

创业者在创业时总是感叹：千金易得，一将难求……

职业经理人参与创业时总抱怨：怀才不遇，遇人不淑……

一边极度渴望着人才，另一边希望被赏识、被信任，能够一展身手。

一边是社会、技术、经济的快速变化，另一边是职业、生活、生命更多元的突破、探寻……

于是我们意识到，在创业者与职业经理人之间，涌现出了一种新的职业形态，我们把它叫作“创业经理人”。他们既具有创业者的雄心壮志和拼搏精神，能深刻感知到创业的艰辛与悲喜，又具备职业经理人的技能和素质。我们相信，在信息技术快速迭代、创业不断萌生的当下，创业经理人不仅满足了人性更高的需求（自主、精进、有意义），也能为企业创造独特的价值（快速协作、高效产出、美好共生）。

我们撰写此书，正是希望职业经理人更好地转型、升级，并且希望创业型企业家更好地驾驭人才、达成共赢的局面。

一问：创业经理人与职业经理人的差异

创业经理人既是创业者，又是企业家战略思路的执行者，这是一种双重身份。创业本来就具有“高度的不确定性”，既有系统的不确定性，又有经营的不确定性。

系统的不确定性，例如，创业的跑道是否选对了，相关政策是否会瞬间调整，颠覆性创新是否会要了自家的命……针对这些不确定性，创业经理人时刻会感知到，但大多无能为力。经营的不确定性，包括团队搭建、战术选择、执行力的高低、组织能力的构建等，通过战术性的“勤奋”去弥补战略上的“缺失”，是创业经理人经常要面对的事情。因此，创业经理人是在一个混沌的环境下耕耘，既要遵循企业发展的大方向，又要摸索行进中的小方向。既要全力以赴拼体力，又要时不时抽离出来拼脑力，这着实不易。

一个是山林间急匆匆飞奔的翠鸟，一个是绿竹笼里婉转啼叫的金丝雀。与职业经理人相比，创业经理人大约有以下五点不同：

1. 他们更勇于面对各种不确定性；

2. 他们具有更广阔的格局；

3. 他们拥有快速的适应力；

4. 他们迸发着鲜活的创新力；

5. 除了“我能……”，更有“我想……”。

二问：创业经理人的五大核心素质（见图 0-1）

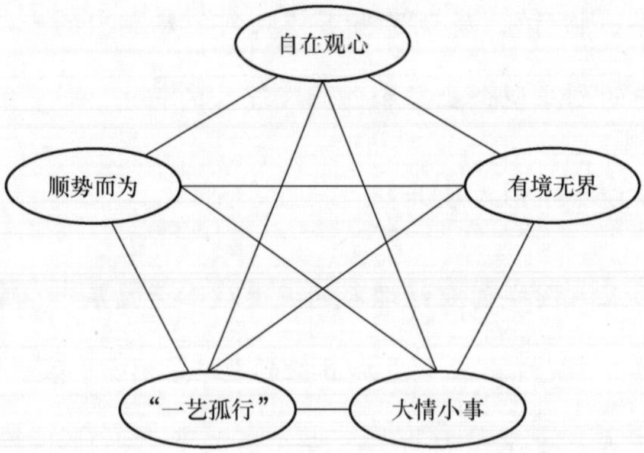

图 0-1　创业经理人的五大核心素质

自在观心：清晰地知道“我想成为怎样的人”“我希望过怎样的人生”；不仅能听到“内心的声音”，还需要足够的心力，自如地走下去。

有境无界：站在更高或更广的视角去打破心理边界、职能边界，甚至打破组织边界，在不确定性中创造最大价值。

大情小事：洞悉组织内外的利益相关者，拥有心理安全感和同理心，建立信任感，处理好组织内的“人情”与“隐情”。

“一艺孤行”：不仅具备核心的“一技之长”，而且擅长在不同的情境下“快速切换”“持续精进”。

顺势而为：洞悉组织内外的形势，巧妙地抓住时机、整合资源，达成“关键目标”。

三问：如何品读《创业经理人》

本书是按照以下形式来架构的。

楔子“临界、临行”，展现了当下“双创”热潮中的一些画面，简约地提炼了身处其中的创业型企业家和创业经理人的状态。

随后的六章以如下形式展开：

第一章至第五章围绕创业经理人的五大核心素质展开。每一章都将其中的一个素质分解开，提炼出三个更加具象的要点，例如，第一章“自在观心”，从中延展开的三点是心愿、心力、心安。第三章“大情小事”，围绕其展开的三点是安全感、同理心和信任感。而随后呈现的一则则职场案例，则从不同的视角鲜活地呈现这三点，希望读者沉浸在创业经理人的喜怒哀乐中，从而有体感、有观感。

在每一个案例[①]的后面，都有我们的点评："小唐飞刀"是唐日新从管理学的角度对案例进行的理性、锋利的剖析；"宇红心语"是曹宇红从心理学的角度对案例进行的感性而温润的诠释。另外，我们还留出了一片天地（你的感悟），邀请你在读故事、看点评之余，也写下自己的感悟。

第六章"新工具"，我们从三个视角（多维透析、行为雕刻、矢量追溯），开放性地探讨创业型企业家如何与创业经理人更好地携手共创，实现个人和组织的持续成长。

谁会期待这本书呢？"双创"企业家、创业经理人、希望转型的职业经理人，以及准备创业的年轻人……本书中的绝大多数案例都是我们经历过的，或者是我们身边朋友的职场历程。因此，本书不是来审视对与错的，也不是来指点成功之道的，而是从"内在视角"来感知创业历程中的冷与暖、苦与乐的。

① 为了保护相关企业和个人的隐私，本书涉及的一些案例中的公司名称、主人公姓名为化名。

目录

楔子

临界、临行

无论出生于哪个年代，人们的需求大致一样：做有趣的工作，按劳取酬，有机会通过努力工作而出人头地。

——《经济学人》熊彼特专栏

2014 年 9 月 10 日，李克强总理在第八届夏季达沃斯论坛上，发出“大众创业、万众创新”的号召。他提出，要在 960 万平方公里土地上掀起“大众创业”“草根创业”的新浪潮，形成“万众创新”“人人创新”的新态势。五年过去了，“双创”热潮催生并重构了新的价值链，这些深刻地影响了新生产要素[1]的流动，产生了大量新型业态。所谓新物种，就是共享经济、互联网金融、人工智能、新零售、大健康、大数据等。一方面，新物种不断突破组织的边界、行业的壁垒，正在蓬勃生长着；另一方面，新物种迫切需要

① 新生产要素包括人才、技术、知识、数据、信息等，而传统生产要素指的是土地、矿产、劳动力等。

一大批视野广、能力强、应变快的专业人才，将一个个奇思妙想转变为一次次商业创新。

新经济催生了新物种，而新物种呼唤着新角色，我们把它叫作“创业经理人”。他们既具有创业者的雄心壮志和拼搏精神，能深刻感知到创业的艰辛与悲喜，又具备职业经理人的技能和素质。

中国的几次创业浪潮具有鲜明的时代特征，无论是1978年的改革开放，还是1992年的市场经济体制改革，大多属于政策释放带来的商业红利，而2014年的“双创”热潮则更多来自技术与资本的驱动。然而新一代创业者大多是没有生存压力的，至少不像过去两代创业者的“谋生欲望”那么强，他们的创业动机貌似更加“单纯”，如“成就自我”“实现梦想”“改变世界”等。这类看似“单纯”的动机往往伴随着并不“单纯”的路径，真正的奋斗和坚守其实并不普遍。相反地，这类创业动机会对创业中的经理人造成“系统性困扰”，你谈愿景而他讲业绩，你谈创新而他要落地，嘴里说的成就客户而心里想的是先服务于资本……一系列的矛盾与扭曲是创业中特有的约束条件，对企业家和职业经理人都是双重压力，只是表现形式不同而已。

产生“系统性困扰”的本质原因在于能量场的改变。在工作中我们经常说，某人离某领域（Field）很远，所以他的观点的可信度不高，或者说某人不在某领域里，不懂也正常。以前，我们把某领域基本等同于物理领域（某行业或某专业），从来没有深究其更丰富的含义。

U 型理论有如下描述："当一个未来的可能性运作时，它便向着不同于以往的社会领域进发。这些都能够通过思考、谈话和集体行动的不同质量体现出来。当这种变化发生时，人们就能够接触到创造力和感知的深层次来源，并且超越过去的模式，感受到自己真实的力量。这种变化叫作'社会场域'（Social Field）的变迁。"当下，科技创新、大众创业、行业裂变、长寿人生、终身学习等趋势引发了整个"社会场域"的巨大变迁，而由此引发的能量和变化深刻地冲击着创业型企业家和职业经理人。

创业型企业家和职业经理人，既渴望着彼此理解和支持，又存在着三层矛盾冲突。

首先是底层逻辑的矛盾。企业家认为，在创业过程中最主要的是驾驭不确定性，因此对公司的方向、愿景、目标，对组织命运的态度、观点都基于全力以赴的态度。无论怎样频繁调整，都能在逻辑上自圆其说，更何况很多变化都是企业家一人发起的。而职业经理人天然追求确定性，对于不断变化甚至不断解构、重构的状态会产生怀疑和不适，进而产生信任危机。于是，创业型企业家往往不满地认为，职业经理人"对公司的责任感不够""不够灵活""缺乏奋斗精神"。而不少在创业型企业中铩羽而归的职业经理人则慨叹，"公司朝令夕改，无从适应""当初承诺的利益分享基本上没兑现""自己被压榨了"。当企业家反复强调形而上的"价值观""忘我投入""相信你所相信的力量"的时候，经理人和企业家的分手之时也就不远了。

其次是专业逻辑的矛盾。从本质上来说，真正破局的钥匙是生命体验，而不是专业水平，这也是企业家弥足珍贵的原因。毕竟，刘邦只有一个，樊哙、英布这样的人物可能会有很多，但这并不能否定专业水平的重要性。在当今的“双创”热潮中，专业型企业家要比前几次创业潮多得多。即使这样，在很多领域中职业经理人的专业素养也要大大优于企业家。企业家有与生俱来的冒险冲动，抓机遇、以小博大、弯道超车、为人所不能为，这些是企业家的日常选项。而职业经理人有丰富的职业经验，习惯归纳总结，强调目标的合理性、可行性，注重实现目标的方式、途径的整体性和规范性，重视规划的作用和管理体系的支撑。很难想象，昆阳之战如果不是刘秀指挥，换成手下大将会打成什么样。即使是心腹邓羽也未必敢打，因为从专业逻辑推演，无论如何都找不到胜算，而刘秀偏偏 13 个人就打了这一仗，最后还赢了。因此，如果职业经理人仅仅从单点或单线程的专业逻辑和企业家较真儿，那就真是秀才遇到兵了。从另一个角度看，企业家也需要把商业伦理、风险意识、专业素养融入血液中。

最后是成长逻辑的矛盾，包括成长速度、维度的不同。坦率地说，创业型企业家除了具有视野、资金、技术等方面的优势，在很多专业领域中与职业经理人的水平有较大差距。但讽刺的是，创业型企业家一方面要学习职业经理人的专业经验，倚重他们做出成绩；另一方面要不断地评估、指正他们。此外，创业型企业家对各类信息和知识疯狂地吸纳，面对各种不确定性需要快速地做出决策，使他们呈现出一种复利、非线性的成长态势。而职业经理人在专业知识方面比较精通，善于执行，往往呈现出单利、线性的成长趋势。前者的成长逻辑犹如一张网，纵横交织，沿着各个维度延展……而后者的成长逻辑犹如一条线，顺着某个方向延伸，所以创业型企业家与职业经理人之间常常存在思维上的错位、成长上的差距。

正是由于创业型企业家和职业经理人之间在以上三个方面（底层逻辑、专业逻辑和成长逻辑）存在着巨大的矛盾，市场上才更加渴求创业型经理人，或者渴求职业经理人更具有“创业者精神和思维”，因为创业型企业家更懂得与职业经理人“优势互补”。

2019 年，《哈佛商业评论》某一期的调查结果显示，近三年中国的员工敬业度明显下滑。2015 年，中国充分投入工作的员工比例接近 1/5，位居全球榜首。2018 年，这个比例下滑至 1/16，跌至被调查国家中的最低水平。员工敬业度的比例大幅度下滑，体现为员工在一家企业长期服务的意愿度下降、离职率上升。其中的原因很复杂，但至少存在两个重要的因素：在新型生产关系下的职业角色定位不清，或者职位要求更富有挑战性。

阿里巴巴集团第三任 CEO 逍遥子曾经说道：“有些人可能有漂亮的履历，但我最关心的是这个人置于体系中，是他创造了这个体系，还是这个体系成就了他。是‘人’造就了事情，还是‘事情’造就了人？这是本质的不同。”创业经理人正是在快速多变的环境中，富于激情又专业地创造了体系，为众多创业型企业添砖加瓦。

我们提出“创业经理人”这一概念，提炼其核心特征、培养路径，正是希望为中国的“双创”热潮贡献一己之力。

行至“新经济”，

涌现“新角色”，

开启“新征程”，

可谓——临界、临行……

第一章

自在观心

本章将从以下三个维度展开。

心愿：我想成为怎样的人

心力：内驱力与支持系统

心安：沉浸于追寻的过程

随后的六个案例透视出“自在观心”的意境。

心愿：从“我能”到“我愿意”

心愿：从“没谱儿大叔”到“靠谱儿精英”

心力：信息侠客，行走江湖

心力：草原狼沉浮记

心安：风的背面

心安：麻木·平静·欢喜

威斯康星大学心理学教授哈洛认为，人的驱动力大致可分为三种：

第一种是“生物性驱动力”，如饿了要吃东西，渴了要喝水；

第二种驱动力来自外在动机，即做出特定行为时环境会带来的奖励或惩罚，所谓的“胡萝卜+大棒”模式；

第三种驱动力来自内在动机，即“完成任务取得的成绩就是内在奖励”。其实，人类天生喜欢学习，喜欢创造新事物，也希望自己和世界变得更好。当我们把人性中的这些美好因素与工作、事业结合起来时，就具备了第三种驱动力，能够在职业生涯中享受“速度与激情”。

心愿

创业的过程是挑战极致的过程，即挑战产品的极致、商业模式的极致、竞争格局的极致，并且最终挑战企业家“人性的极致”，而与企业家相伴的创业经理人也将面临一系列“极致”的挑战。

“我希望成为怎样的人。”

“我希望度过怎样的人生。”

“我内心深处真正想要的是什么。”

创业经理人需要不断地扪心自问，找到“我是谁”，听到“内心的声音”，才能在紧张、混沌的创业环境中专注而持续地前行，而不至于被各种因素所耗竭。

社会科学家已经明确了一点：只有当我们认为外界不存在强大的压力时，我们才会为自己的行为“发自内心”地负起责任。优厚的薪酬、诱人的职位和公司名声都属于某种外部压力，它可以激发我们去采取某一行动。例如，令我们怦然心动的创业，不足以让我们自觉自愿地为其负起责任，并且在困境中持之以恒。强大的威胁、高压的业绩指标也一样，它们能让我们俯首听命或疲于奔命，但不可能带来真正的承诺感。如果找不到内心深处的动力来源，我们就会经常陷入痛苦的轮回：奋斗了一把，却发现获得的不是自己想要的；经常为了“性价比”而纠结，我这么拼，到底值不值，要拼到何时才是头；更会陷于“围城情结”，我要不要杀出去创业，或者我是否要重返朝九晚五的经理人生活。

真正让我们满意并爱上工作的因素是什么？研究激励理论的知名学者弗雷德里克·赫茨伯格，提出了动力因素，动力因素包括有挑战性、获得认可、责任感，以及个人成长。真正的动力因素很少与外在刺激有关，更多地跟自己的内心和工作的内涵有关。

15 年前，我在 IBM 工作，刚刚被提升为一线经理，我的导师——时任大中华区副总裁的俞叔曾经推荐我看一部电影——《心灵捕手》。遗憾的是，当年的我只是一个热血青年，全部精力都忙于赚钱，对马特·达蒙之类的影星都提不起兴趣，更别说理解影片的内涵和俞叔的深意。

《心灵捕手》是一部经典的心理学题材电影，曾获得 1998 年的奥斯卡最佳影片提名。影片中的一位主角是才华横溢、桀骜不驯的数学天才少年威尔，另一位则是经历了人生坎坷、淡雅和润的心理咨询师尚恩。两人有如下一番对话，堪称“头脑”与“心灵”的碰撞。

尚恩说道：“你只是一个孩子，你根本不晓得你在说什么。所以问你艺术，你可能会提出艺术书籍中的粗浅论调。有关米开朗琪罗，你知道很多，包括他的满腔政治热情，他与教皇是莫逆之交，你对他很清楚吧？但你连西斯汀教堂的气味也不知道吧？你没试过站在那儿，昂首眺望天花板上的名画吧？肯定没有见过吧？你年轻彪悍，如果我和你谈论战争，你会向我大声地朗诵莎士比亚所说的‘共赴战场，亲爱的朋友’。但你从未亲临战场，未试过把挚友的头拥入怀里，看着他吸尽最后一口气，凝望着你，向你求助。我问你何为爱情，你可能只会吟风弄月，但你未试过全情投入、真心倾倒、四目交投时了解对方的心，好比上帝安排天使下凡只献给你，把你从地狱深渊中拯救出来。对她百般关怀你从未做到过，你也从未试过对她款款情深、矢志不渝，明知她患了绝症也在所不惜，你从未经历过痛失至爱……也许我可以通过‘知识’来看你，但那不是你，除非你愿意谈谈你自己，否则我不知道你到底是谁。”一段时间之后，威尔依稀有了对自己、对人生的感悟。所谓“心灵捕手”就是探寻、感知自己的心之所愿，尽量不因为外在因素而影响自己的选择。

在创业型企业中，存在着大量的动力因素——不断涌现的机遇、五花八门的挑战、独当一面的机遇、不可预知的前景……但最重要的是，这是你内心所“需要的”，还是你以为这是你自己“想要的”？其实，只要忠于自己的心之所愿，怎么选择都是对的。

心力

所有由有机生命构成的组织和个体的生存与发展，究其本源就是对周边资源的不断消耗。生存空间和可用资源的变化远不及生物体对资源消耗的速度。基本上，生存与发展意味着要面对越来越激烈的资源竞争。既定空间内的资源消耗越少，碰上的竞争对手就会越来越大。就算是绝对优势者，在自己长成“巨无霸”后，也将因资源消耗量大于资源增长速度而停止成长，走向萎靡。

换句话说，在“自然”的情况下，所有组织的成长之路必然越走越惨烈。资源竞争的失败者自不待言，持续成功者也会因为资源没有办法得到延续而成长停滞。持续成长是生物体的宿命，除了依靠天赋奇迹来增添资源，必须依靠自主创造。创造的方式多种多样，但不超出竞争、开拓、重构这三种方式。竞争意味着掠夺其他生命体的生存资源为已所用；开拓意味着找到无人区，也就是所谓创新的某种生物性动力；重构意味着通过在资源总量不变、成长速度不变的情况下，压低资源消耗速率。在整个成长斗争过程中，刚柔相济、百折不挠的心力是持续发展的基本要素。

如果你做某件事真正的动因是发自内心地想去做，那么无论你身处顺境还是逆境，这种强大的内驱力都将推动你执着前行。2013 年，宾夕法尼亚大学心理学系副教授安吉拉·达克沃斯提出了“坚毅”（Grit）这一概念，坚毅指的是对长期目标的热爱和坚持不懈。这里要提醒一下，“坚毅”不是苦苦坚持，而是热爱在前、坚持在后。“坚毅”只有热爱还不够，还需要长期不懈的努力。

由此看来，“心愿”与“心力”需要相伴而行。

作为非企业主的创业经理人，他们大多数情况下处在“解决问题”的模式中，解决问题的快与慢、质量的高与低取决于他们的投入度和专注度。然而更具挑战性的是，在成熟型企业与在创业型企业中“解决问题”的思路有很大差异：在成熟型企业中是找到共性、优化流程、避免犯错；而在创业型企业中是不断试错、多路反馈、找到定性问题，用线性回归的方式无限逼近解决方案。这是一种没有地图、仅凭指南针探寻宝藏的状态，更需要坚定的信念、坚韧的心力，去一次次尝试，一次次面对失败，一次次在痛苦的反思后再度出发。

普通人要想在整个职业道路上有所建树，比拼的就是时间投入和经历沉淀。大家的时间都一样，如果你的经历不够丰富，不够有效沉淀，你的相对竞争力就会随着时间的推移而下降，时间积累和经历沉淀是职业资本的最大敌人。在单位时间内高效地积累思维的深度和广度是最重要的。而思维这台发动机要想高速运转，心力的持续驱动是最重要的，所谓的“量变到质变”“一万小时定律”皆如此。在深邃的思维和通透的行动背后，是一个艰苦的思考、准备的过程，需要长期坚持和不断迭代。在没有外力推动的情况下，自我驱动是寂寞而痛苦的，是脑力、体力和心灵的多重付出。所谓心力交瘁大抵如此，但是我们很少听说过脑力交瘁。

彭蕾曾任阿里巴巴集团首席人力资源官，她这样说道：“我一直认为，在创业中其实‘心力’更重要……当你有这个的时候，你才可以去感染人，你才可以让大家为你的梦想而激动，你才会愿意投入无穷无尽的心力，去创造、去改变、去引领。”心力的画面感是这样的：它是一种温度、一种气度，甚至是一种烈度。有时候，你要让人觉得你做的事情是温暖的、让人愉悦的，甚至是让人兴奋的；有时候，碰到很纠结的状况，“就这么定了”“就这么干了”，就是那一下子。

细细想来，创业经理人的这股心力，或许来自一种“我就是喜欢”的内在激情，来自一种“做，就做到最好”的完美情结，来自一种“选择了就不后悔”的执拗精神。也或许身边有几个伙伴、一帮同路人，在“师友夹持”中，“虽懦夫，亦有立志”。

心安

“不要混淆目标和欲望，合理的目标是你真正需要实现的东西，欲望则是你想要但会阻止你实现目标的东西。”《原则》里的这句话呈现了一个清晰的画面——何谓心安？

如果活到100岁，你的生活和工作会是怎样的？你希望拥有怎样的“百岁人生”？

是的，这两个问题离我们并不遥远。由于生物、医疗和大健康技术的发展，“如果你现在20岁，那么你有50%的概率活到100岁以上；如果你现在40岁，你有50%的概率活到95岁；如果你现在60岁，你有50%的概率活到90岁或90岁以上”。（摘自《百岁人生》）

这不是假设，这已经在逐步成为现实。如果在这样一个拉长的周期内，再来回望我们的创业生涯，是不是会有不一样的感受？

你有一番情怀，并且全力以赴，却收获了猜忌、冲突、背叛……

你达到了一个目标，却发现前方另一个更艰险的目标……

你和创业伙伴奋斗多年，却功败垂成、黯然收官……

算起来，你付出了许多，但收获似乎寥寥无几……

你会扪心自问：

创业之路要走多久？

创业之路意义何在？

创业是怎样的一种生活？

如下三段话，先不要做评判，只是单纯地体验一下：

“在任何时候都不要怨天怨地，在任何时候都不要放弃自己。要给自己爱、关怀和信心，坚信自己有智慧，有头脑，有双手，还有资格和机会。”

“问汝平生功业，黄州惠州儋州。”

“我想和你再牵着黄狗，一同出上蔡东门，去打猎追逐狡兔，哪里还有这个可能呢？”

接下来，我们分别谈论一下三段话的主人公。

首先是京东集团的创始人刘强东。他是一位资深创业者，一毕业就走上了创业之路，深知在漫长而孤独的前行中，“爱自己”（自我关爱和自我鼓励）有多么重要。

其次是跌宕一生、潇洒一生的苏东坡。当他被不断放逐时，依然怀有“志趣”与“情趣”：有机会就好好做事、造福百姓，他在杭州疏浚西湖；没机会报国就寄情山水、享受人生，他在黄州写出了《念奴娇·赤壁怀古》《定风波·莫听穿林打叶声》《蝶恋花·春景》等千古名篇，在岭南“日啖荔枝三百颗，不辞长作岭南人”。

最后那段浪漫而悲壮的话语，出自被赵高陷害的宰相李斯，他曾协助秦始皇统一六国、成就霸业。在被行刑前，李斯回头对一同赴刑场的儿子说了上面那第三段话。当英雄迟暮之时，或许那些微小而温馨的片段才是生命中最难忘的回忆。

无论是一株枝繁叶茂、根须绵延几百米的榕树，还是一棵小小的、硬硬的橡树种子，其中蕴含的生命力都渴望着向下生根、向上长叶。作为万物之灵，人类更加拥有生生不息的成长动力。有时，你全力以赴，去点燃自己、点燃他人；有时，你享受当下，感受事业、生活和生命的美好；有时，你平静地离开，给自己、给他人留下空间。欣赏生命中的每一段色彩，接受生命中的起起伏伏。

心愿

从“我能”到“我愿意”

一凡是一家创立了三年的教育公司的合伙人。公司的“一级火箭”（青少年研习项目）在珠三角地区越来越有声望，但是也面临了极其残酷的同业竞争，以及公司大规模运营的瓶颈。启动“二级火箭”是公司核心团队一年来不断探寻和思考的项目。终于，公司创始人天宇提出了“原本玩”这一创新的商业模式，而认证课程的研发、文案、品牌策划等专业性很重的任务落在了一凡身上。

一开始，一凡的动力并不足，这些工作她“应该都能做”，但是“为什么要做”？天宇慷慨激昂地讲了一个晚上，一凡有点儿被说动了。随后，她写了三四个项目文档发给天宇，天宇立即做了详细的反馈。但要落实这些反馈，随后要花大量的时间，还要去整合一些公司以外的资源，一凡手头上还有好几个项目，她没那么多时间放在“原本玩”上。于是，一拖再拖，“原本玩”的进展遥遥无期。

半年后，在公司的一次户外活动中，伙伴们都去玩耍了，天宁和一凡坐在阳台上喝茶聊天，畅想公司的未来，畅谈自己的人生……“我希望过一种自由自在，但又有独特意义的生活。”一凡谈到自己的未来，又聊起了她心目中那个清净、典雅的书院，一方池塘、满园葡萄藤，她和朋友一起学习、创作，做一些有意义的帮助人的工作。

“我希望有一天，能在我们的书院里来一次创意十足的‘原本玩’！如果我们启动了‘原本玩’，就能激发更多人的创新力，帮助更多的人找到自由和宁静。或许，我们都能成为那个更真实、更美好的自己。”顺着一凡的思路，天宇平静地说道。

“激发更多人的创新力，帮助更多的人找到自由和平静。”这两句话深深地触动了一凡。在她的心目中，“原本玩”这个商业项目似乎减弱了急躁的商业气息，注入了更加灵动的人性光芒。“原石！”一凡兴奋地说，“它就像一颗有能量的原石，能够激发人性中原本就有的智慧与美好！”接着，一凡和天宇热烈地讨论了“原本玩”项目的愿景、阶段目标、时间进度、品牌定位、社群营销等诸多细节，以及她承担的责任、她需要的支持……

在随后的一个月中，一凡像一个动力十足的火车头，带着项目组向前冲：

她确定了第一期认证课程的时间；

她和小伙伴发布了一系列新颖的宣传文案；

她拟定了项目进度表，并且张罗着每周五召开项目进度会；

为了制作更精致的教具，她甚至自己动手拼模型、拍照；

她和身边的十几个朋友逐一联系，倾听他们对这个新项目的反馈；

她全身心地撰写“学员手册”，几乎耗费了她全部的精力。

在一凡的脑海中，已经浮现出了两个美好的画面：

“原本玩”项目在四大领域（自我成长、亲子关系、学校教育和企业发展）中，能够被充满创意地实施起来。

每年初春，在原本书院召开“原本玩”年会，来自全国各地的学员一起深度交流……

【小唐飞刀】

金钱、物质的回报永远给不了人长久的愉悦和宁静，只有“过程即结果”的深刻体验才能更好地激发人。把一件事情做好，如果只是得人钱财、与人消灾的做法，那么这并不是创业经理人的做法。很多企业混淆了保健因素和激励因素，以为保障了衣食住行，再加上高官厚禄就能激发人最深层次的工作动力，这其实是对激励因素的忽视。只有工作本身的意义感或挑战性，让你感觉到做了独特的贡献，才会激发出长久的动力。

【宇红心语】

“能做”与“愿意做”的能量是不同的。

“能做”经常是别人的期待：觉得你的能力强、经验足，觉得你的角色应该承担这一责任，觉得你为了组织“应该付出”，觉得你在此阶段“应该去创业”。

“愿意做”是来自内心的声音：我希望成为那样的人，我梦想着那样的一幅画面、一种生活状态。正如一凡内心所憧憬的书院那样，那个初心——成为更真实、更美好的自己。

一旦触碰到了“愿意做”的能量，你就会更加主动、灵活、富于创意。我想，创业经理人不缺乏“我能”的素质，需要添加的是“我愿意”的勇气与执着。

【你的感悟】

心愿

从“没谱儿大叔”到“靠谱儿精英”

A 公司是国际 500 强、顶尖的服务器生产企业。老赵，一位 44 岁的中年男性，北京外国语大学毕业，就职于 A 公司。作为一名渠道代表，他的手里有近 200 家代理商，绝大多数每月下单额度不超过五万元。老赵每天给一两家企业打几个电话，他的目的是压货、催款和协调一些商务细节。一年很快就过去了，老赵有一份还算体面的薪水，只是这份工作并没有多少专业积累。最近的传言让老赵有些心神不定，据说 A 公司的中国区业务要被国内一家冉冉升起的企业并购，并购之后，两家公司的渠道业务有很大一部分重叠，可能有不少人将失去工作。44 岁的中年男人前景如何，老赵心知肚明。

当然，这种传言已经持续了近一年，不少人都已经麻木了，个别同事在调侃时说道：是不是可以一块儿去开一个茶馆或餐厅？然而，并没有人真正地做什么改变。老赵一直在观察，他觉得 IT 环境在发生着巨大变化，但并不是整个产业在走下坡路，只是硬件这个领域的一些工作方式会发生变化。但是具体朝哪个方向走，他也没有把握。不过，老赵发现公司新成立了一个数据分析部，这个部门的同事每天都在不停地跟各类合作伙伴、潜在客户交流，没看到他们有什么大动静，公司上上下下对他们的支持也不大。

老赵还发现，在数据分析这个领域，其实有很多企业有需求，只是还都处于比较初期的阶段。于是，他在完成本职工作之余，从自己的合作伙伴中挑选了一些规模比较大的，同时试着和数据分析部的人连接起来，而他也借机在这个过程中学习一些数据分析的技术。

随着时间的推移，数据分析转化成了一个新兴概念——大数据。老赵兴奋地发现，大量的数据知识都是开源技术，而开源技术那时在国内很少有，绝大多数都来自国际上的开源社区。此外，自己是英语专业毕业的，在开源社区上查找资料、多方沟通、整合资源具有独特的优势。

“赶紧抓住这个机遇！”于是，老赵花了更多的业余时间，与数据分析部的人协作，构建了自己的专业人脉网和知识体系。然而，老赵所在的销售部同事和领导，都在争夺所谓的销售资源、冲销售业绩，他们对老赵的这种行为要么不理解，要么嘲笑他说，“这么大岁数了，竟说些没用的”。

老赵除了完成自己的销售任务，还继续耕耘着那片“自留地”。他手中的 200 多家合作伙伴虽然规模都不大，但比较愿意接受新鲜事物。于是，老赵便把“数据分析”这个新产品结合原有的服务器，形成一个更有深度的解决方案，并且提供技术培训。这样一来，老赵不仅更好地支持了合作伙伴的业务，而且开拓了新的业务增长点。更重要的是，44 岁的老赵迎来了职业生涯的华丽转身，从 500 强企业的“渠道销售”，转变为一位“大数据分析专家”。随后，他被一家知名外企挖走，专门负责大数据业务……

【小唐飞刀】

卡罗尔·德韦克在《终身成长》一书中总结了人类的两种思维模式：固定型思维模式和成长型思维模式。拥有固定型思维模式的人，不会从失败中学习并纠正自己的错误。相反地，他们只是尝试着修复自己的自尊。拥有成长型思维模式的人，会在失败中深刻反思，在困境中尝试改变。

老赵被迫转型的那一年还没有《终身成长》这本书，所以老赵大概率是发自内心的斗志在驱使着自己前进。不管是求生欲还是求胜欲，内在的心愿和坚强的心力是支撑老赵走出职业沼泽的动力。

大家常说的“坚持住”，是非常朴素的道理，只有从心出发、执着地向前迈进，才是不二法门。

【宇红心语】

到了40岁这个阶段，对大多职场人来说，既喜又忧。一方面，我们似乎越来越清晰“我擅长做什么”“我愿意做什么”，我的社会资源和专业技能结合在一起，能发挥巨大的效能。但另一方面，中年危机如影随形。在公司快速发展时，自己的心力越来越跟不上；在公司转型时，被裁的、被边缘化的员工总是40岁以上的。在“自己想做的”和“自己擅长做的”之间，居然有那么大的鸿沟……

到了40岁这个阶段，你心里是怎么想的：我在公司的“性价比”越来越低了！可能下一批被裁的员工就是我。体力和精力都拼不过那些年轻人了。我想做一些不同的，但又舍不下现在的……

到了 40 岁这个阶段，少一些抱怨和哀叹，多学一些新技能，多支持一些年轻人，为组织贡献新的附加值。试着连接不同领域的人，探寻或创造合适的机遇，去尝试一个新的方向……百岁人生，40 岁开启职业下半场，正是时候。

【你的感悟】

心力

信息侠客，行走江湖

“我每周读100万~200万字。”

“在家里众多晚辈的朋友圈中，我是唯一一个没被屏蔽掉的长辈。”

“虽然我快40岁了，但在公司的七百多人里，90后和00后都无法在信息上打倒我。”

寥寥数语的自我介绍，在一众聪慧的创业者中刮起了一阵风，激起了几声赞叹。于是，我在溪山读书会上结识了萧大侠——蜻蜓FM的首席运营官肖轶。

看到萧大侠六七段跳跃的职业生涯，包括一连串著名的国企、外企、民企，直至他的两段创业生涯。我问他：“你怎么抓住了这么多好机会？为什么最终去创业？”

“我们理工男的思维不怎么跳跃的，尤其是我，很认可‘聚焦’。”萧大侠快言快语，“我聚焦的是媒体领域，我之前的职业生涯虽然有五六段，但大约沿着两条线走，一条是从传统媒体转向新媒体，另一条是从硬件转向软件。我在华中科技大学学的是计算机专业，第一份工作是在中科集团，帮助全国各地的电视台进行数字化改造，建立数字化机房、资料馆。当时最震撼我的一件事情是，我出差去一家著名的地方电视台，去培训一些资深编辑如何用电脑编片子，当我一步步教他们‘打开电脑’‘把鼠标放在屏幕的左上方’时，居然有四位老编辑直接抓起鼠标将其按到屏幕的左上方！”

一方面，萧大侠敏锐地意识到，信息技术与传统媒体的交融，将极大地改变这个行业的版图。于是，他聚焦于“媒体”，捋了一下端到端的各个环节，包括内容制造、渠道传播、内容交付、付费模式等。另一方面，萧大侠也大致梳理了一下自己的发展策略：优势在于学习快、理解快，善于沟通，擅长连接不同的职能部门，可以在一个领域中成为广博的通才。

接下来，萧大侠在商业江湖中叱咤风云，既凭借自己的勤奋、悟性和主动，也着实运气好。他熟悉了媒体内容的制作和全国电视台的信息化布局后，就去了 UT 斯达康，深入了解 IP 电视和电视增值业务。接着，他加入微软公司，了解了一些操作系统业务。随后，他又加入联想，带领数字家庭事业部，制造了国内第一台智能电视。

“所以你一路换公司，都是在为自己的通才之路搭建一个个台阶。”我终于明白了萧大侠的职业地图，每一次转型看似突兀，但都是在通向一个清晰的方向——新媒体的全面运营。

“是的，过一段时间，我就会发现自己的某一块短板。后来我又去了搜狐公司，担任家庭娱乐事业部的总经理，看看互联网是怎么玩新媒体的。在这之后，我去了华为技术有限公司，担任消费者云服务部的内容经营部长。”萧大侠的“新媒体版图”越来越清晰，资源越来越丰富。直到 2017 年，他加入风雨飘摇中的蜻蜓FM，负责公司整体的运营管理。

“从职业经理人转向创业经理人，你觉得最重要的突破是什么？”我问萧大侠。他曾经两度创业：第一次蒙头蒙脑地“交了学费”；第二次在蜻蜓FM游刃有余了许多。

“一定要有充分的心理准备和心理转换。”肖大侠说，“要命的是，很多职业经理人眼高手低。我曾经在许多大公司里工作，有太多的资源（资金、技术、团队），有太强的大甲方心态（周围众多的合作伙伴求着你），以为自己很厉害。因此，进入创业公司，做好心理转换是一个特别重要的前提。”

“其次，一定要量体裁衣。”萧大侠的语气更凝重了，“《亮剑》里的李云龙带领游击队神出鬼没、百战百胜，变成正规军之后，他还不是要去军校认真学习？反过来，让黄埔军校的军官来带领游击队，也得有一个痛苦的磨合和调整过程。因此，在成熟型企业或优秀型企业里面适用的、再好的招式，也未必适合创业型企业。创业经理人一定要从头到尾认真地‘把脉’企业、量体裁衣，而不是把原来的好招式拿来就用。”

萧大侠娓娓道来，那种细致入微的坦诚让我感受到，在他每一句话的背后，都是一段段刻骨铭心的经历。

“还有，即使目标是对的，方法是好的，急于成功也容易受挫。”萧大侠用了一个心理学的专业术语，“目标颤抖——就像在手里拿一个乒乓球，你太在意、太急于求成，手就会抖，动作就会有偏差。”对此，我深有同感，有些空降兵急于证明自己，一进公司就赶走老员工、招募自家兵，或者一来就对标华为的流程管理、绩效管理，套用百度、阿里巴巴集团和腾讯的人员管理……大多数，不是事倍功半，就是黯然收场。

我对于萧大侠每周100万~200万字的阅读量，既惊异又好奇：“你每天那么大的信息浏览量，会是怎样一种状态？”

“我每周除了读各种博客、微信，还会看大量的视频、音乐排行榜、短视频、韩剧、日剧、美剧等。除了网络文学，我还阅读有关严肃文学的作品，我的癖好就是信息收集。”萧大侠如数家珍般地说道，“我享受这种在焦虑中的学习和成长。”

“打败你的不是对手，而是新手、是时代。”萧大侠经常跑在时代的前面，1998年上大学的时候，他就和同学策划动漫展了。到现在，他还是500人的“游戏公会”负责人。

“你为何在微信上取名萧大侠？”我问他。

“我用了很多年。在古汉语中，‘肖’和‘萧’是一样的。”萧大侠说道。我总觉得，肖轶的能量不像萧峰那般沉稳、悲壮，更像陆小凤那般明朗而灵动。

“在金庸的世界里，只有萧峰和郭靖称得上大侠。”他认真地说道。我似乎明白了，他更在意的是大侠。

【小唐飞刀】

职业资本的积累是一个复利的过程，时间对每个人都是公平的。有一个理论叫“相邻假设”，大意就是说只有爬上眼前的山峰才能发现下一个高峰在哪里。在同样的时间、同等的场域内，最大限度地获取职业资本，在每一个自己力所能及的维度做到极致，需要的是超强的心力，在某种程度上要有点儿什么都不在乎的气魄。

案例中的萧大侠就是一个心力超强的人，他做这么多事情，采集这么多信息就很疲惫了，还能披沙拣金，实在是弥足珍贵。同时，心力超强又绝不滥用，这也是一个所谓的“明白人”——最大限度地选择了复利，减少了摩擦损耗。总之，看上去很美的人生就像一幅绣品，从正面看绚烂多彩，反过来看一定是细密的纵横交错，包含着无尽的心力。

【宇红心语】

频繁跳槽、两度创业、海量阅读、搭建媒体价值链，这些犹如一个个跳跃的音符，奏出一段段行云流水般的“心流”。与萧大侠聊天时，无论是他过往的经历、当下的状态，还是两人互动时的碰撞，都让人有这种感觉。

“心流”是一种完全投入游戏或任务时的状态，让人们失去时间感与空间感，并且将人的潜力发挥到极致。心理学家研究出引发“心流”的几个关键因素：专注度、逐步增强难度的任务、及时而明确的反馈……有些人自带“心流因子”，卓有成效者、执着创业者大多如此，看来萧大侠也是这般人物。

【你的感悟】

心力

草原狼沉浮记

“蓝山资本”的朋友 Sam 说，他们已经投了圣迅 B 轮 8000 万美元！现在公司急需一位首席人力资源官（Chief Human Resource Officer，CHO），Sam 强烈推荐芷兰去见见公司的创始人唐旭——社交网络界的一个神奇少侠。

在 Costa 咖啡馆，有一个小帅哥，穿着一件白色 T 恤衫，慵懒地坐在沙发上，头发染成金黄色，而他居然就是那位身价过亿的“独角兽”掌门人！

一开口，唐旭的慵懒就一扫而光，直入主题：“我们圣迅的商业模式是社交网络和猎人主题，其中包括三层主题。第一层通过层层的闯关游戏，把会员引流到十个不同的‘猎人’频道，如科幻、破案、武侠、宅在家等。我们还相应地引入了美国最新的虚拟现实设备。第二层是‘猎心’……第三层是不同场景的猎场——职场 PK……”

“真有野心！你们把年轻人生活中的三大主题（娱乐、找恋人、找机会），全涵盖了。”芷兰惊叹道。

“我们跑对了赛道！圣迅成立一年，注册用户达到 600 万元，第二年就超过 2000 万元。目前，我们已经拿到了 A 轮和 B 轮融资，几家投资人也在商议着 C 轮。但是——”唐旭拉长了声音，有些苦恼地说，“投资人要我尽快组建一个坚实的管理团队，他们觉得我太嫩，怕今后驾驭不了。”

“自古英雄出少年！互联网创业就需要创意和速度，年轻是一种优势。”芷兰由衷地赞赏道。

“芷兰，我看过你的简历。你来圣迅当 CHO，如何？”唐旭直率地说。

“才十几分钟，你就考核完了？”芷兰有些吃惊地说，“选人，需要理性的思考、深入的交流，尤其是 CHO 这个职位。”

“理性思考？”唐旭笑道，“获得诺贝尔奖的经济学家和心理学家已经证实了，无论多理性的人，都是先靠‘直觉’做了决定，只不过随后用一些逻辑分析来论证、忽悠别人罢了。大家管我叫‘草原狼’，靠的就是敏锐的直觉力和行动力。”

芷兰笑而不答，还是细细地问了公司的发展现状、核心管理层、产品状况、市场格局等。两个小时后，她笑着提议，下周去公司感受一下。唐旭虽然略显失望，但还是爽快地表示：“要不，你明天下午来，我把你介绍给核心团队。后天我就出差了。”

三周后，芷兰加入圣迅担任 CHO，她最主要的两项工作是：招聘各个业务板块的核心管理者，同时建立公司的绩效管理体系。

两个月后，在芷兰拼命工作的情况下，市场总监、财务总监、两个新业务部的产品总监和海外事业部的技术总监都陆续到位了。对于其中的三位唐旭很满意，但是对两位“海归技术人才”他略显失望，说道：“他们做事太中规中矩，我和他们在一起，感受不到那种‘彼此点燃’的感觉！”唐旭比画了半天，最后情急之下憋出了一个词：“Ignite（点燃）！我需要那种点燃的激情、火花四射的创意！”

在随后的一年半中，芷兰不仅在业务上鼎力支持唐旭，包括搭建人才梯队、优化绩效体系、打造公司文化等，而且由于她的温厚与成熟，芷兰成为唐旭最信任、最敢说真心话的心灵伙伴。在骄傲、活力四射的“草原狼”背后，隐藏着的那种孤独、焦虑和若隐若现的恐惧，只有芷兰能感受到。

两年半后，圣迅顺利上市，股价一路上扬，唐旭的身价顿时达到二十多亿元！

一路狂奔、超过敌手、激情撞线后，“草原狼”唐旭兴奋了两个多月，但随后一蹶不振。“人生突然失去了目标！一种虚无感漫上心头……”“人活着，到底是为了什么？”“创业的兄弟们走到现在，难道仅仅剩下钱了？！”芷兰时不时地看到唐旭在私信中这样表达，他的状态似乎有点儿低沉。

芷兰跟唐旭聊了几次也没什么转机，就带着他去看了一位心理咨询师。三周后，唐旭推掉了公司所有的业务，去印度安静地修行了。

两个月之后，唐旭回来了，他约芷兰在一家安静的茶馆里见面。往日的神采飞扬几乎荡然无存，唐旭的眉宇间透出一丝漠然，他轻声说道：“这次，我去印度，一直在思考‘生命的意义是什么’。好像有了一些感悟，又好像还是不太明白。我现在觉得做游戏没什么意义！但是除了游戏，我还能做什么呢？”

芷兰静静地凝视着唐旭，不知从何说起。过了很久，她轻声说道：“亚隆大夫讲过一个故事，故事的主人公是一只叫蒙皮的狗。他说，当他弯腰捡起一根小棍扔出去时，蒙皮就有了一个任务，一次次开心地向棍子奔去。不管他把棍子扔得多远，蒙皮都会跑去或游水过去，穿越任何障碍去得到那根棍子。”

“我这根‘棍子’不是别人扔的，是自己扔的，但我觉得没意思了。接下去呢？”唐旭苦笑着问。

“有意思，还是有意义，终归是自己找到的。”芷兰若有所思地说道。

“那——我的下一根棍子呢？”唐旭扬声问道。

“下一棍子啊——”芷兰笑着拉长了声，“可能就在眼下的迷茫中。别忘了，你可是‘草原狼’，四处溜达溜达，歇一歇……你会找到的！”

听了芷兰说的话，唐旭的嘴角露出一丝笑容，带着往日的骄傲。

【小唐飞刀】

《禅宗公案》中有一段颇有意境的描述：佛陀在菩提树下发现，生命原本具备独立自主的能力，只是我们看不到这一点，所以才四处追逐，寻找支撑。一旦开启这个内在宝藏，我们就可以随遇而安。这不是对环境的刻意顺从，也不是对命运的无奈妥协，而是由“内心独立”获得的能力。因为独立，就不会随环境变化而变化，也无须外在的什么动力作为支撑，所谓“此心安处是吾乡”。其实自驱力就像生命的自主力，每个人都有佛性、都有自驱力，但是没有展现出来，最主要是被周围的环境蒙住了眼睛。人生一世，有时被蒙住了眼睛，再度睁开眼睛时，就能看到更清明的世界。

【宇红心语】

在黑暗中行驶，每一个人都是一艘孤独的船。然而，看到邻近的其他船只，看到漂移闪烁的灯光，依然会感到一种巨大的宽慰。

——欧文亚隆，《在生命最深处与人相遇》

作为创业中艰难前行的伙伴，创业经理人付出的一方面是专业技能，帮助创业者搞定人、办成事，另一方面，双方如果能够在心灵上彼此懂得、彼此支持，这种“心灵伙伴”的能量对于双方而言，都是创业之旅中无价的宝藏。

作为一名全力以赴的创业者，当你在艰辛的创业路上前行时，你有自己的“支持系统”吗？在你失败的时候，有人轻声安慰你；在你迷茫的时候，有人为你在前方点亮一盏灯；当你精疲力竭、冻得瑟瑟发抖时，有人邀你坐在篝火边烤烤火、喝杯茶，聊聊一路上的风霜。

著名的管理学家吉姆·柯林斯曾经说道：在他人生的支持系统中有六七位重要的人：有一位神父，总是耐心地倾听我的苦闷，指引我心灵的方向；有一位退伍军人，让我懂得在任何困境下，都有“新的希望”；有一位阳光灿烂的登山爱好者，我们在一次次登顶的过程中体验到，攀岩不是为了征服岩石，而是为了征服自己。

【你的感悟】

心 安

风的背面

我去曼彻斯特看望我的偶像穆里尼奥，他当时是曼联的主帅。我在飞机上还遇到了很久没见的老同事“飞哥”。他扎着一头小辫、满脸胡须，作为曾经的 IT 男已经完全看不出来了，简单的寒暄之后才知道，他是去接受英国独立电影节“最佳导演”的颁奖的。

十几年前，飞哥和我一样在 IBM 工作，职责都是销售硬件产品。从当年的职业发展路径来看，飞哥换过几个部门，显然不是那么顺风顺水。让我们熟悉起来的原因是足球，我和他都是公司足球队的一员。飞哥在英国读书的时候，在足球场上是踢前锋的，踢法大开大合，他的远射能力特别强，力量大、角度刁颇有英超中锋的风范。大约是 15 年前在奥体的一场比赛，飞哥被对方侵犯狠狠地摔了个大马趴，他二话不说，从地上爬起来就给了对方球员一拳。双方马上纠缠在一起，裁判也蒙了。我赶紧跑上去拉架，并不是因为怕打起来，主要是想告诉飞哥，他其实打错人了，犯规的人早跑开了。如此一个血性男儿！在中规中矩的 IBM 确实有点儿……

飞哥当时喜欢鼓捣微电影，我也跟着一起参与。我参与的原因纯粹是因为好奇、玩儿票，并且我当时认为他也是如此。我们翻拍过《穆赫兰道》《不羁夜》之类的片段，放到视频网站上播放，也有一些点击量，但是距离热播有十万八千里的距离。对于这种玩儿票的活动，我很快就厌倦了，挣不着钱不说还得搭钱，钱多了投不起，钱少了没效果，觉得这条路没前途，还是专心挣钱更靠谱。这十年间，我们中间断断续续聚过几次，飞哥换了几份工作，但拍电影一直没改变。以前飞哥拍电影是业余爱好，工作还是主业，后来我发现他努力工作其实就是为了养他的电影。

从那次打架以后 15 年过去了，飞哥的独立电影《风的背面》终于在国际上获奖了。但获奖没有改变任何物理境遇，他仍然需要工作挣钱来支持他的电影梦。这 15 年间，我们都在各自不同的道路上勇猛前进。我获得了丰厚的财务回报、虚幻的江湖地位，飞哥收获了小小的梦想和大大的愉悦。

从英国回来后，飞哥拉我进了一个小群——中国新独立电影制作群。在这个群里，我真心感到惭愧。

【小唐飞刀】

我在前面的“心愿”那一节中，提到关于《心灵捕手》的故事，其实中间还有一段对话，我当时曾经慷慨激昂地说：我要的就是能够住上有抽水马桶的房子，生活在晚上出门不用手里拎一个棒子的城市。随着年纪的增长，终于有一天我发现，原来自己只是在忙着赶路，为了赶路而赶路，虽然周围的环境早已不是当年的样子，而我依然在蒙眼狂奔，手里依然拎着棒子，心中的惶惑感不少、幸福感寥寥。

我想做一件事，不问目的、过程及结果，沉浸于其中，就是幸福——长久的幸福、内在平和的幸福。

【宇红心语】

我曾经读过一篇文章，题名为“陈凯歌和李安之间隔着什么”。

隔着什么？借用王家卫《一代宗师》里的感悟，武功境界有三层：见自己，见天地，见众生。

像陈凯歌导演这样的高手，早早就看见了自己，表达了自己，做妥了自己。于是，《孩子王》《霸王别姬》喷薄而出、光芒四射。但若只见自己，不问天地，不考虑众生，就容易“我执”，难免七上八下。

像李安导演这样的高手，不仅见到了自己，还能“见天地”“见众生”。孤独地做了六年“家庭妇男”后，他从36岁到60岁，尝试了各类电影风格：中国近代家庭片、西方古典爱情片、中国古代武侠片、魔幻片……虽然题材各异，但他都在用心探索人性之丰富、人生之奇妙。

从“见自己”到“见天地”再到“见众生”，一路走来，心智越来越豁达，气场越来越深邃、淡然。

【你的感悟】

心安

麻木 · 平静 · 欢喜

大约在2005年，我在北京大学中国经济研究中心攻读国际MBA。当时班上有一个同学小C，是来自朗讯的一名硬件工程师。他说，来这里学习的目的是职业转型，希望自己成为一名证券投资人，或者成为一名基金经理。当时我内心的真实想法是，他一定是IT领域中的失败者，异想天开地来混文凭的。

两年的MBA学习生活很快过去了，我依然继续着跨国公司职业经理人的光鲜生活：衣食无忧、形象靓丽，在国内国外走马观花，业绩稳步攀升，自我感觉非常良好。而小C已然辞去了朗讯的工作，在一家私人资金托管公司做一名助理。每次同学聚会，从小C常年一款的蓝色衬衫可以看出，他在目前公司里的收入和行业地位与之前的朗讯相比，下降了不是一星半点儿，而他的谈吐也失去了往日IT人士自信的专业范儿。出于同学间的关心，大家善意地提醒他，三十几岁了不要“瞎折腾”。而小C总是带着平静的微笑，不做任何回应。直到有一天，我听说他的第一个小孩出生了，终于鼓起勇气去问他：“小C，这种收入怎么养家糊口？！要不回IT领域算了，我也许能帮上忙，至少你能衣食无忧。”结果他听完半天都说不出话来，最终憋出了四个字：“省吃俭用。”

后来有一个偶然的机会，我们和一位星座大师一起吃饭，这位大师在美国学习了多年的占星术，国内很多楼盘的奠基选址、很多大公司的核心高管聘用，他都会给出意见。饭后，我开车送这位大师回家，他跟我说了一番话：“你这位姓C的同学，今后在投资领域有机会取得建树。”我当时很疑惑，便询问道：“小C是IT工程师转型，专业水准会不会太浅？”而这位大师说：“专业的事情我不了解，但是我从小C身上感受到了很多顶尖人士所拥有的共性，就是云淡风轻的淡定，对自己所从事的事情，有一种平静的坚持。”他认为，这是小C能够取得一番成就的一个重要原因。

果然，几年后小C发布了自己的基金，无论是在基金发布前还是发布后，他的嘴角边总是挂着那种平静到令人尴尬的笑容。

【小唐飞刀】

近距离接触过一些创业者和企业家，我发现新一代创业型企业家都有一个共性——笃定。笃定的表现形式基本上是三种：表面麻木、内在平静、自在欢喜。

表面麻木：凡事都不能够引起他的情绪反应，只是极其关注所做的事。

内在平静：认知水平达到了一定高度，貌似一切都在掌握之中的自信与从容。

自在欢喜：面对所做的事情总是非常兴奋，一种从里到外的“开心投入”。

我偶然地看到了某位企业家的“航旅纵横”应用程序中的记录，他在一年中的飞行距离是七十多万千米，我吓了一大跳，他的时间表排得满满的，甚至每天的早餐都是会议。即使如此，从他的外表和身体状态来看，完全是一种自发的欢喜。当我问他为何如此时，他的回答和《快公司》杂志的创始人艾伦·韦伯的回答如出一辙："我不得不这样做。"

【宇红心语】

"动心忍性，增益其所不能"，是"天将降大任"的一个重要条件。在小C艰难的转型中，曾经的角色光环、专业优势、优厚的待遇、从容的生活，这些都离他远去了。前途的迷茫、家境的窘迫、同行的质疑、朋友的怜惜，这些却时时萦绕在心中。

磨砺心性，追寻"自己选择的目标"，放下"骄傲"与"娇气"，是职业经理人转变为创业经理人一门必修的心理课。

"改变总是有可能的。即使外在的改变有限，但内在的改变总会发生的。"这是萨提亚模式中一个温暖而有力的信念。

【你的感悟】

参 考 文 献

[1] 琳达 · 格拉顿，安德鲁 · 斯科特. 百岁人生：长寿时代的生活和工作[M]. 吴奕俊，译. 北京：中信出版社，2018.

[2] 罗伯特 · 西奥迪尼. 影响力[M]. 闾佳，译. 北京：中国人民大学出版社，2006.

[3] 卡罗尔 · 德韦克. 终身成长：重新定义成功的思维模式[M]. 楚祎楠，后浪，译. 南昌：江西人民出版社，2017.

[4] 朱瑟琳 · 乔塞尔森. 在生命最深处与人相遇：欧文 · 亚隆思想传记[M]. 王学富，王学成，译. 北京：机械工业出版社，2016.

[5] 奥托 · 夏莫. U 型理论[M]. 邱昭良，王庆娟，译. 北京：中国人民大学出版社，2011.

第二章

有境无界

职业经理人进入创业型企业，需要以下技能。

站在更高的视角——打破边界、创造价值

拥有更广的胸怀——站准位置、看清得失

所谓既要“无界”，又要“有境”“有格局”，本章的以下八个案例生动地诠释了这种深刻的转变。

无界：种一片“杂交水稻”

无界：令人伤感的接班人

有境：参透“确定性”与“不确定性”

有境：“看着妙”与“做得巧”

有境：游走于“后台”与“前台”

格局：认知盈余遮蔽了你

格局：重塑希望

格局：向下生根，向上长叶

进化需要两件宝贝：复制，一定程度的忠诚；创新，一定程度的变革。

——理查德·布罗迪，《思维病毒：如何在工作与生活中实现思维》

成本、风险和后果对企业经营至关重要。成熟型企业经常会陷入“正确者循环”的逻辑，谨慎地考虑成本、风险和收益，却错失了新涌现的机遇。犹如约玛·奥利拉（曾任诺基亚CEO）所说：“我们没做错什么，但是我们被时代淘汰了。”成长型企业呼吁冒险、试错，鼓吹快速迭代，经常对时间、风险和机会成本选择性遗忘。当风险突然爆发、试错成本飙升时，常常陷入正确与谬误的极端假设之中。在此境况下，有的企业裹足不前，有的企业绝地反击。犹如在一场足球比赛中，既要全线压上，又要稳固后防，这种激烈的矛盾撕扯着每一个球队。然而，顶尖的球队在此约束条件下，既有大范围的跨界扯动，又能迅速地各归其位、守住边境，在风险和收益之间达到最佳的攻守平衡。

无界

当今时代面临着农业革命、工业革命、信息革命之后的人工智能革命，技术手段、数据源发生巨变，商业模式、价值表达也随之快速迭代，由此导致了行为模式、工作模式的一系列变化。

边界清晰、分工明确是成熟型企业一大特征，也是成熟型企业利益最大化的保障。成熟型企业就像一架运转完善的机器，需要各个零部件在自身的位置上高效运转，从而保障整体效率最大化。无论企业怎么标榜解放思想、放飞自我，只要基本的约束条件不变，目标预期不变，对跨界行为基本上是抵触的。然而，成长型企业尤其是初创企业，基本上没有长期战略，目标和路径也不太清晰，其基本生存逻辑之一就是勇于试错、快速迭代。在这种环境下，八仙过海、各有各的高招，不太可能沿着一条清晰的路径和边界发展。因此，谁在这个环境下敢于打破原有边界，勇于尝试不同的事物，谁找到出路的概率就更高。

很多人都喝可乐，但不是每个人都喝可乐解渴，喝可乐是一种综合体验，是一种和明星比肩、回忆青春的感觉。我家附近曾经开过一家在网络上很流行的卖牛腩的餐厅，我去吃过一次，味道已经完全忘了，当时却在朋友圈里留下了牛腩餐厅的“打卡”照片。水不仅是用来喝的，饭也不仅是用来吃的，二者已经打破了原有的价值边界，在饱腹的基础上又添加了心理、社交等价值。

优步未曾拥有一辆自己的汽车，爱彼迎（Airbnb）未曾拥有一家自己的旅馆，但是优步通过科技手段成为世界上最大的出租汽车公司，并且爱彼迎能在多个国家为用户提供家有空房出租的房主的住宿信息。它们整合了本来碎片化的资源，重新定义了交通、住宿资源的边界。既然房子和车的价值边界都可以被打破、被重构，那么最具价值、最活跃、也最分散的人力资源和知识资源，其边界是否也在被打破、被重构呢？随着“U 盘化人才”（自由拔插、随时连接、创造价值）的兴起，并且随着人力资源资本化、数字游民、顾问合伙人、独立学者、知识付费等概念或模式的出现，庞大的经理人群体身上所具备的专业知识和技能，已经快速地融入了新时代——分享经济、人工智能、社群学习、智慧城市。

企业内部的价值链一般指的是科研、生产和销售，外部的价值链则包括上游的供应链和下游的通路链。过去企业的内部价值链在一定程度上是封闭的。然而，随着互联网时代的到来，这个边界也被打破了，变成了所谓的“价值共创机制”。例如大家熟知的耐克鞋，在整个价值的链条里，耐克自身所负责的环节非常少，仅包括产品的定义、企划和品牌，除此以外的环节，如设计、生产、营销、渠道管理、终端管理等，都被外包出去了。

当产品、服务、资源、价值链、产业的边界在不断被打破时，人的思维模式、行为边界也需要突破了。

今日头条的创始人张一鸣曾说道：我做事从不设边界。当时我负责技术，但当我遇到的产品有问题时，也会积极地参与讨论、构思产品方案。很多人说这个不是我该做的事情。然而，我想说：你的责任心，以及你希望把事情做好的动力，会驱动你做更多事情，让你得到很大的锻炼。我当时是工程师，但参与产品的经历对我后来转型做产品有很大帮助。我参与商业的部分，对我现在的工作也有很大帮助。记得在2007年底，我跟公司的销售总监一起去见客户。这段经历让我知道：怎样的销售才是好的销售。当我组建“今日头条”去招人时，这些过往的一段段经历，让我在多个领域都有感知力和判断力。

科斯定理认为，有两种机制在配置资源和协调经济活动。一种是市场机制，即交换。例如，我花钱请你帮我办一件事，买你的时间。另一种机制是组织机制，如聘任员工到企业中工作。无论是哪种机制，终极都是基于成本比较，哪个性价比高自然会遵循哪个规则。产业结构的变化，未必会带来生产率的提升。只有生产要素聚集到高生产率的领域中，才能形成“结构红利”。但是在通往优势结构的路上，大多数人都会被既有的价值网绑定。在这一过程中，价值流动所导致的“配置最优化”是关键，所以打破认知的局限、组织的枷锁，以及跨越原有的价值边界，就是重要的法门。

当下，跨界是毋庸置疑的选择，而研究如何跨界、跨越怎样的界限则更具有实际意义。其实，跨界也就是以下三种形式：价值的重新表达、产业生态重构，以及重塑组织与人之间的关系。

传统经理人的价值表达往往是得人钱财、与人消灾，并且更擅长玩转存量。创业经理人更需要做大增量，因为根本就没有存量，原有的存量已经在传统价值边界内被挖掘殆尽。因此，突破边界的“聚合化反应”，甚至“无中生有”的能力就更加可贵，支持创新行动的出发点之一就是不能固守边界。

产业生态的重构是一个量变到质变的过程，产业生态犹如一个庞然大物，虽然行动迟缓，但在持续变换，有时变得令人瞠目结舌。例如，腾讯跨界汽车行业、阿里巴巴集团深入大健康行业、美团网跃入“共享出行”领域……巨额资金、资源的再分配、再平衡，必然带来产业链所有利益的相关组织、相关个体在思维和行动上的重构。原来赚钱的领域可能会被百度、阿里巴巴集团和腾讯这样的公司所颠覆，原来的竞争对手也许会成为合作伙伴，原本的“舒适区”未必舒适，离开自己的“舒适区”或许会有一片新天地。价值表达、业态重构的变化必然驱使着组织变革，而组织变革也将重塑组织与人之间的关系，重塑人们的思维和行为模式。

有境

有一位企业家曾经跟我开玩笑说，老板是白天风光，晚上睡不着觉。白天呼风唤雨好像无所不能，到了夜深人静就担心：白天的事情是否会成功，现金流够不够，企业是否会破产……然而，职业经理人是白天紧张、四处奔忙，晚上睡得香，因为企业的兴衰存亡并不用自己负责。

从本质上来说，经理人不是企业主，他们不承担或较少承担资本和投资的压力。因此，企业家和创业经理人之间的心理契约就相对微妙：在努力打拼的时候，老板希望你把自己当作主人翁，有担当、有格局；在分配利益的时候，老板又希望你能够把自己当作一个普通的职业经理人，守住本分，不要妄想。这种状况似乎是无奈的，但想想晚上"酣然入梦"和"彻夜难眠"的区别，人的境界就能大一些了。

在创业过程中，突破边界的压力和动力是同时存在的，伴随而来的低效和浪费也很多。有点儿像踩跷跷板，如果用力过猛或时常踩错，创业型企业翻车的概率比成熟型企业会高很多。但一旦踩对了点，借势腾飞的速度与角度又不可估量。因此，目光高远、想法奇特、大胆尝试、快速迭代，一直是创业型企业家独特的"境界"，也是一些优秀的创业经理人所具备的"境界"。职业经理人要"转型"成为创业经理人，在很大程度上要具备更高的境界、更长远的视角。

当然，无界不是无底线。组织与个体的成长都是有路径的，只要你能站在比自己更高的位置上去思考问题，又能站在自己的本分上落地执行、对待得失，就容易成长并成功。既仰望星空，又脚踏实地，“有境”才能自如地“无界”。

格局

所谓的职业角色定位，就是在一个位置上应有的行为准则和处世态度。你从事某项工作，扮演某个角色，我大致知道你会如何行事，你会遵守哪些标准；我和你说什么话，你会如何反馈给我……当我知道你的角色之后，我对你的行为和态度大致有一个判断，有了这个判断，我们的协作就会变得更加高效。

在任何组织里，个人利益与集体利益这两种力量哪一种胜出，取决于该组织的文化，文化又取决于塑造文化的人。在成熟型企业中，大家忙于分蛋糕，聚焦于存量；而成长型企业拼命做大蛋糕，聚焦于增量。一起合作把蛋糕做大的回报，大于追求个人利益的回报，这不仅体现在每个人得到蛋糕的多少上，还体现在人们在共创中更快乐、更健康、更富于创造力的精神回报上。

普利策奖得主爱德华·威尔逊在《人类存在的意义》一书中猜测，距今 200 万～100 万年前，类人猿向现代智人进化期间，人类祖先的大脑就进化出了支持合作的功能，以支持狩猎等活动。这使人类祖先前额皮层里的记忆与思考中心变得比其他灵长类动物的更发达。随着群体变得比个体更强大，大脑不断进化出管理更大群体的能力，群体之间的竞争就变得比个体之间的竞争更重要，同时拥有更多合作性个体的群体发展得更好。这一进化使得利他意识、伦理观、良知和尊严意识发展起来。

吉姆·柯林斯在研究高绩效公司时发现了“第五级领导力”，这种领导力是一个混合了谦逊的个性和强烈专业意志的矛盾体。其特点包括善于观察现实，“当定位公司在何处能够领先世界时，现实得毫不留情”；同时，这种领导力又是毫无自我的，“不谋取私利，一心为了公司的卓越，经常牺牲自我收益来换取公司的收益”；最后，这种领导力愿意承担不良结果的责任，并且愿意把成就归功于他人。

从某种意义上说，“第五级领导力”就是所谓的格局。一提到格局，大抵和既得利益的博弈息息相关，有的时候真相非常残酷，往往和谎言交织在一起。例如，经常会有职业经理人抱怨“老板说话不算数”，虽然有时是企业家不信守承诺，但更多的是企业家与经理人之间的认知差异所造成的。在艰难的创业历程中，创业经理人需要在追求个人目标的同时，深切地考虑并支持他人的追求，创造组织的利益最大化，这既是一种受推崇的领导力，从长远而言，也是一种更有效的策略。

当一个人能够连续性地选择利他、兼济天下的做法时，犹如在经典的“红蓝游戏”中那样，你始终打出友善、包容的“红牌”，追寻利益最大化的共赢，那么一定会有越来越多的伙伴与你联盟。久而久之，你就成了价值洼地，看似在每次交易中都吃了一些亏，但是在多次博弈之后，你的总体收益一定是最多的。

无界

种一片“杂交水稻”

当慧玉加入CRT咨询公司时，已经做了充分的心理准备：自己从金融行业转入咨询公司，会经历一段艰难的历程。然而，面对公司快节奏、高强度的工作氛围，慧玉奋斗了一个半月之后，她还是悲哀地发现：自己的成长速度远远跟不上公司的高速发展。例如，每个星期都会开启几个新项目，而她总是不停地被拽入不同的项目做支持，这周是新能源，下一周跳到新经济，再下一周可能会涉及大健康领域。项目团队每三天更新一下项目进展，几位组员侃侃而谈，只有她经常“卡”在那里，尴尬地笑一笑。她发现当年自己在金融行业做投资的时候，也接触过五六个行业，但那点儿底子在咨询公司远远不够。

于是，慧玉在白天组织各种电话会议并进行数据分析，晚上七点之后，她就进入公司的资料库，翻阅一本本以前的项目资料。看了十几个项目资料之后，慧玉很不满意，资料上的信息不是过时了的，就是不完整的，更苦恼的是有些内容她根本看不明白，找人问一次两次之后也不好意思再骚扰人家了。“我尚且如此，更何况那些刚毕业的年轻人呢。”慧玉在为自己苦恼的同时，也想到了一批苦苦煎熬的小伙伴。

绞尽脑汁之后，惠玉向北京为公司的董事总经理Eric建议道：“我们组织一个学习会如何？既可以快速提高年轻顾问的专业水平，也能分享资深顾问和专家在各个领域中的资源，优化公司的知识管理。”

“好啊，我正头疼呢，如何让大家快速提升专业力。”Eric 当下就同意了慧玉的这个建议。北京分公司才成立三年，在全球其他分公司里面，顾问的平均年龄是最低的，也就意味着他们的专业水平和经验是最欠缺的，而北京分公司的咨询项目又很分散，涉及二十多个领域。

“大家工作很忙，每次的学习时间不能太长。”慧玉思量着说，“只能利用午餐的时间，每次两个小时，请专家讲解一个主题。”

“好的，你需要哪个行业的专家，可以列一个清单，我这边可以帮你推荐不少人。”Eric 在咨询行业中拥有丰富的人脉。

“老板，能批点儿预算吗？”慧玉笑眯眯地问。

“你说说，都哪里需要花钱？”Eric 问道。

“首先，咱们请专家，就算不付培训费，怎么着也要准备一些精致的礼物。其次，学习会也要准备一些精致的午餐。最后，也是为了让大家感觉到培训的物质和精神双丰收，”慧玉顿了一下，狡黠地说道，“要营造一种你追我赶的学习氛围！我准备建一个学习群，每周考核学习效果，奖励学习成绩前两名的同学。”

“公司花时间、找资源支持大家的专业成长，还需要奖励？！”Eric 颇不以为然，这位美国回来的博士，似乎很不能理解，学习还要靠“物质奖励”来打鸡血。

“奖励虽然没多少钱，但对现在的年轻人很有效，他们的成长动力不仅要有意义，而且要有意思。”慧玉学过心理学，对80后、90后的心理还略有了解。

“好吧。”Eric虽然不太赞成，但最后还是同意了。

几天后，慧玉拿着一张密密麻麻的清单，上面是大家提出的希望学习的主题，包括私募、新零售、阿米巴、新能源、目标与关键成果法、供应链管理等。“学习午餐会”如火如荼地展开了。

最开始学习的是专业知识、行业趋势，每周在课后考评、在群里实行奖励，大家学得热火朝天。有一次，清晨五点，有人在群里嚷嚷着说道：“谁拿了我昨天的50元学习红包？！”有人嬉笑着问：“至于吗？为了50元，一大早嚷嚷。”“这不是钱的问题，是荣誉的问题！”那位小金主不依不饶，一定要追回属于自己的荣誉。

过了两个月，大家又开始读一些领导力的书，如每周定期举办读书会，阅读了《非暴力沟通》和《第五项修炼》。学习会前，每人写出每章的读后感（一个总结、五点收获、两个问题）；学习会中，不仅要逐一分享，还要呈现出每个人的非暴力沟通或领导力状态；学习会后，主持人（轮流担任）发布总结和点评。慢慢地，Eric发现每个参与者的行为模式有了一些改变：

更多地独立思考、更主动地提出创新的解决方案，以及更默契的项目协作。

一年后，“学习午餐会”的知名度从北京传到了上海和香港分公司，那里的小伙伴也开始效仿。

慧玉细心地把每一次“学习午餐会”的资料梳理、汇总之后，建立了一个很简约的“电子知识库”，每月更新一次。同时，她还分享给上海、香港的同事。

在年底的绩效评估中，慧玉获得“九宫格”中的最高等级，CEO在评语中写道：“Helen，从你的快速发展中，我不仅感知到你巨大的潜能，更欣赏你为团队发展和组织创新所做的贡献。”

【小唐飞刀】

眼界和格局分不开，“玻璃笼子”限制的不仅有行动力，还有想象力。先“能人”后“能力”，是成长型企业常用的方法，利用能人的拉动效应，让其他方面快速跟上来。全明星员工在成长型企业是很受欢迎的。因为方方面面都没有定型，所以在这个阶段特别需要“英雄人物”的涌现，以点带面、突破藩篱，带动整个组织向前发展。只要符合企业发展的大方向，甚至错了也可以重新来过，成长型企业鼓励个人的跨界表现。跨界的过程也是“重塑自我”的过程，价值点重新组合之后就是新的价值网，个体在其中获益匪浅。

【宇红心语】

如何在压力下生存？当慧玉为生存而奋斗时，也考虑了伙伴的状况、组织的发展。当你的“初心”、所描述的“WHY”（为什么），触动人心、有益众人时，就能获得更多的资源和支持。如果你只说“WHAT”（具体做什么），你的影响力就差一截儿了。

为何要一起学习？为何要打造“学习型组织”？因为每个人都是有惰性的，“微小而持续的成长”说起来容易，做起来不易。大家在一起吃午餐、听课、考核、反馈、接受奖励，在繁忙中坚持学习，就显得有滋有味了。

【你的感悟】

无界

令人伤感的接班人

玉鹏入狱了！

听到这一消息，B 公司的销售团队一片哗然，去年上半年，玉鹏还带领着这个年轻的销售团队冲锋陷阵，拿下了电信行业的不少大客户。玉鹏是创始人赵总从大学里招来的，精心培养了六年多，他在公司先是管技术，后来担任产品总监，去年年初又被提拔为国内事业部总经理，先后跨越几个业务领域，是未来很有希望的总经理接班人。

当众人议论纷纷时，我深深地叹息，作为接替玉鹏、掌管销售业务的副总，我深知这个野心勃勃的年轻人对公司造成的伤害。去年夏天，玉鹏愤然反目离开公司，创立了另一家与 B 公司一模一样的企业 C。在双方剑拔弩张的这一年里，B 公司 1/3 的大客户都流失了，两条高端产品线的价格也被 C 公司冲击得惨不忍睹。

在惋惜、郁闷之际，我的眼前浮现出了另一个场景，那是在去年一季度经营分析会之后，公司高管一起聚餐的时候。玉鹏喝得很多，走路都打晃，最后是我开车送他回家的。在回家的路上，玉鹏大声说：“涛哥，我心里憋得慌！我在公司拼命干了六年，赵总一开始答应给我股权，是原始股啊。拖了两年，他又把股权改成了期权，跟那几个新来的差不多。我在公司拼了这么多年，就值这个价？！”我进公司才两年，对他们之间的恩怨、是非并不太清楚。玉鹏最后嘟囔了一句，“是我太傻了？还是他太冷血了？好，好，那就别怪我了……”听了他这一席话，我的心微微一颤，似乎有一种不妙的感觉。

说实在的，B 公司这几年快速发展，公司加入了好几位核心高管，他们不是外企的“金牌职业经理人”，就是在行业中的技术大牛。我不知创始人赵总使出了什么妙招，能将他们招至麾下。然而，我在两年前加入 B 公司，赵总除了激情四射地渲染了几年后公司上市的情景，还许诺了一笔蛮诱人的期权。

“会不会，其他高管陆续加入稀释了股权和期权，影响了以前创业元老的利益？玉鹏这样的冲突只是一个极端，还是一类隐患？”我的脑海里乱糟糟的。空降兵和创业元老之间的矛盾，不知破坏了多少有潜力的创业公司。

某一天下午，在公司的高管会议上，赵总气愤地说道：“你们听说玉鹏的事了吧？这个年轻人能力强，但是野心大，当初我用他的时候心里就不踏实……还好，他的商业侵权行为终于有了明确的说法。今后，我们选人，尤其是培养高管，一定要德才兼备啊！”

一旁的管理者没有说话，他们有的是随赵总一起打天下的元老，有的是最近两年空降来的职业经理人，还有的已然是某些事业部的“第二梯队人才”了。玉鹏事件看似是利益纷争、商业道德，但在更深的层面，触及的是公平、承诺、背叛、信任和做人的底线等敏感的话题。

【小唐飞刀】

忙于赶路、忘了出路这种事每天都在发生，并且人的社会属性很难避免从周围的评价对比中寻找自我的存在。如果真要问我如何面对这种不公正的情况，我只能说：我们虽然已不是我们，但还要一边走着，一边珍惜着……

【宇红心语】

组织中的利益分配总是面临着微妙甚至是巨大的落差：一方面，创始人总觉得江山是自己一手打下来的，给兄弟们分一部分，自己已经够慷慨、够公平的了。另一方面，创业经理人觉得自己付出足够多，回报却太少，或者回报不公平……于是，内心翻江倒海，觉得自己被忽悠了、被亏待了、被遗忘了。然后呢？就会产生以下各种反应：

有人在失望之余离开，留下深深的伤害，对创业者不再信任；

有人在愤怒之下大肆报复，全然忘记了基本的商业道德和法律底线；

有人在落寞之际慨叹，自己被压榨了，今后绝不再踏足创业型企业；

有的人在失望、愤怒之余，调整好自己的情绪，充分地表达自己的感受和需要。或许，能消除误解，双方继续携手向前。也可能，老板不认可、局势没改变，那时就挥手作别，开始下一段职业生涯。

问题不是问题，如何应对才是问题。

无论怎样应对，做人做事的底线总要坚守。

【你的感悟】

有境

参透"确定性"与"不确定性"

在确定性环境中，基本逻辑是"性价比"，投入产出线性相关，并且边际效应递减，企业和个体比拼的是运营增效；在不确定性环境中，基本逻辑是"低成本试错"，一旦验证了增长引擎，企业和个体的增速就是几何级数。我们看看下面的两个案例。

几年前，浩天作为一家著名跨国企业A公司的项目总协调人，参与一个国家级的"金"字头工程，该工程建设范围覆盖37个省，项目额达几亿元。由于项目范围广、内容复杂、建设周期长，光准备周期就历时三年，客户与A企业进行了严格的项目论证和目标设定，浩天全程参与了这个漫长而艰苦的过程。

终于，项目要开始实施了。此时浩天发现，在这三年期间各个省都有一些个性化的变化，有些省调整了组织机构，有些省的行业格局发生了不少变化，还有些省的经济形势陡然下滑……如果有可能的话，A公司应该根据各个省的个性化需求，对建设目标和建设内容做一番灵活的调整。只是这样一来，不仅客户和A公司都要投入更多的技术力量，延长项目工期，甚至还有可能追加投资……总体而言，项目的原有边界会被打破、更多的不确定性将涌现出来。作为总协调人，浩天权衡再三："要不要再折腾？""总体收益如何？""会有什么风险？"最终，他还是严格按照建设说明书上的内容，去协调全国各地的技术和服务团队，在规定时间和范围内进行了标准化的项目交付。

事后复盘：该项目在 37 个省如期交付，整体工程质量达到了客户的要求，也实现了 A 公司的效益最大化。应该说，浩天高标准地完成了一整套“规定动作”，虽然他对此依然有些遗憾。

我们再看另一个案例。

宋林是一家人工智能企业 B 公司的项目总监，他参与了某省公安厅的一个专案调查，负责搭建“数据筛查平台”。当时发生了一个突发性案件，需要针对一个特定范围内的特定人群进行筛查。细心的宋林发现，如果修改几个筛查条件，如把侦查范围从三千米扩大到五千米，将侦查时间变为案件的前后三天之内，将交通范围扩大到飞机、高铁等前后几天的班次，就能得出更具有实战性的大数据。客户听了宋林的设想后非常兴奋，连连说道：“这才是我们想要的有价值的综合分析，会对我们抓捕嫌犯很有帮助！”

接下来，在公司这边怎么说服 CEO？宋林简短地说了两条：第一，这个项目虽然多花一些时间和人力，但我们有可能孵化出一个新的应用场景。第二，未来我们在这个行业中，不仅是一个跟随者，还有可能成为引领者和创新者。

CEO 听完宋林的分析有些动心，接着问：“需要增加新的预算吗？你的把握有多大？”“不用增加多少，用其他项目上的资金补一下就好。我有八成以上的把握。”宋林很清晰地估算了一下。CEO 心定了，立刻拍板，说道：“就这么干！”

两个月后，这个颇有新意的项目完成了，B 公司获得了客户的极大赞誉，也在大数据领域中挖掘了一个全新的应用场景，让B公司站在了这个细分领域的尖端。

一个创新者，不仅仅满足于“干完了活儿”，他还想追求“有锋芒的价值”！

【小唐飞刀】

在确定性环境下，个体的发挥就像参加一场体操或跳水的规定动作比赛那样，当你把规定动作做到极致，就会获得满分。即使你有更优异的即兴发挥，也不可能突破满分这个边界。因为在确定性环境下，最高效的输出就是按照规则和轨迹做到极致。

在不确定性环境下，如同哥伦布探险那样，很多因素（如路线、规则、风险、收益）都无法界定。参与者最好的选择，就是义无反顾地确定一个方向前进、整合资源、突破险阻……要么在大海中被淹没，要么在大海中觅得一片新天地——从惊险跃至惊喜！

懂取舍、知进退是成长过程中的常态，成熟型企业不是不做取舍，而是取舍已经给你做好了。成熟型企业强调真功夫、真本事，成长型企业更推崇随机应变、剑走偏锋。成熟型企业进退有据，成长型企业更依赖创业者对当下的把握，其认为“非正式解决方案”的能力更重要。

【宇红心语】

在“不确定性”中，你确定的是什么？

在“突破边界”时，你坚守的是什么？

内心的信念、梦想，做人的底线、一颗初心……

在确定性的环境下，你要面临做与不做、何时做、做几分的各种选择。

在不确定性的环境下，你更要在茫然中咬紧牙关，朝一个方向冲过去。

你是怎样的人？

你想成为怎样的人？

你希望对他人、对组织、对社会有何价值？

你判断“价值”时，看的是个人还是组织，是眼前还是长远？

虽说“有境无界”，但你的“境”，就在这些思考和选择中。

【你的感悟】

有境

“看着妙”与“做得巧”

华强在珠三角开设了一家人才外企公司“千米”，让他的高中同学少华去负责经营。少华之前是做电子产品销售的，对人才外包并不熟悉，但是他很善于观察和思考。少华发现仅一个斗门镇，就有几千家大大小小的工厂，每个工厂的员工从几十人到上千人不等。农忙时，工人都回家料理庄稼去了。因此，工厂用工是一个极大的缺口，也是一个季节性很强的商机，如何更高效地抓住它呢？

之前，华强请了几位专业顾问，他们设计的“人员派遣”商业模式是线上和线下：在线上搜索技术工人的信息，进行培训和认证，在线下对接大企业客户。顾问称这一商业模式的优势是轻资产、互联网化、低成本复制。少华虽然不懂什么是“互联网”商业模式，但是他观察了一星期，又和不少工厂的工人聊天，发现顾问设计的这种商业模式听起来很专业，但似乎不大靠谱：第一，生产线上的工人流动性很强，即使你培训了他，下一次他也未必会去同一家企业就业；第二，每一条生产线经常更新技能，培训认证未必能满足企业快速变化的需求；第三，愿意在网上或手机上认真填写职业信息的工人并不多。

少华认为与思维简单、看重实惠的工人打交道，需要另辟蹊径。于是，他组织小伙伴在各个小区门口盖了小门脸儿，简单装潢一下，挂上公司的招牌“千米某某办事处”。他在每个办事处配置了七八个销售人员，进入小区现场拉人，每拉一个工人发一瓶矿泉水，给 500 元“预付工资”。销售人员还进一步扩大营销成果，询问签约的工人：“你来自哪个村？你们村里还有人愿意出来打工吗？愿意的话直接打这个电话。”

少华试行一周后，发现这种“现场拉人”的模式效果极佳。而“千米”从企业获得的收入是每招聘一个工人，直接提成 5 000 元。随后，少华说服华强，先缓一缓“轻资产、互联网模式”，更多地尝试这种“地推模式”。两人达成共识后，公司快速在各个镇和县级市开辟了几十个地面店铺，虽然增添了一些固定资产，但是经营效果很好。既有充沛的现金流，又在很多企业客户那里赢得了声誉。半年下来，“千米”轻轻松松地获得了四千多人的人员派遣量，在珠三角的人才市场中另辟蹊径。

所谓的“轻资产”模式看着挺美，但并不实用，贴近客户、自创招式才是正道。少华虽不曾公开这么说，但华强和他在随后打拼的岁月里，已经自然地形成了默契。

【小唐飞刀】

有时候我们作茧自缚，所谓创新的商业模式把自己罩住了。“有境无界”不是赶时髦，不是做噱头。创造性地解决实际问题是跨界的目的，不是为了“跨界”而跨。“有境”具有不忘初心的意味，返璞归真也是境界之一。

【宇红心语】

“扬善于公庭，规过于私室”，这是曾国藩驭人的一条宝典。与老板相处，何尝不是这个道理？经理人倾听老板的战略思路，先努力去理解、尝试，在实操中蓦然发现，“理想很丰满，现实很骨感”。此时，你是断然告诉老板“这路子行不通”，还是小心摸索新路径，私下与老板耐心沟通，“咱们试着走走这条路”？

“没人做时，我来做；有人做时，我支持。”这是北京大学国家发展研究院 BiMBA 商学院院长陈春花老师说过的一句话，她曾经在新希望集团担任过总经理和联席董事长。除了出色的战略思维，她更令人钦佩的是，既拥有企业家的高度，又善于摆正自己的位置。

【你的感悟】

有境

游走于"后台"与"前台"

"为老板挡挡枪，为公司多担当一点儿，这是很自然的事。"Linda 爽快地说，她是 A 公司创业团队的核心成员之一。

几年前，A 公司谈融资时，Linda 跟着老板见了十几拨投资人，其中最有可能的是 L 公司，其在 IT 行业的声誉和投资理念与 A 公司很匹配。于是，Linda 协助创始人海涛，与 L 公司艰苦卓绝地谈了四五轮。某一天，双方谈到了夜里 12 点，L 公司的资深投资顾问天安提出了 4 000 万元的估值，笑着问 Linda："徐总，你看这个估值怎么样？"

什么，这个估值只有 A 公司预计的一半！Linda 顿时沉下脸来，冷笑道："别逗了，天安。要是出这个估值，我觉得你们恐怕不是我们期待的投资人。"海涛是一位比较腼腆的技术男，在一旁打圆场说道："徐总有些冲动，天安，我们慢慢说。"

Linda 稳定了一下情绪，转念一想，她似乎明白了，天安跟自己一样，都是在为公司争取最大的利益。他希望把估值压得低一些，而自己则希望估值尽量高一些。于是，Linda 顿了一下，温和地说道："天安，我们接触一个多月了，对于你的勤奋、专业度和行业口碑，我都是很钦佩的。其实，我们的宗旨是一样的，就是要为公司争取短期利益。然而，这个项目的最佳估值也要看整体利益。在未来的几年里，我们一起把 A 公司做强、做大。我们公司在社交网络中拥有良好的口碑和巨大的客户群，我们的创业团队你也看到了，无论是视野，还是专业化程度，在业内都是数一数二的。”听了 Linda 说的话，天安笑了笑，气氛缓和下来，双方继续就一个一个细节沟通。

在随后若干轮艰苦的谈判中，Linda 据理力争，她总是扮演那个强势的角色。四个月后，L 公司投资 A 公司 8 000 万元，还有两家公司跟投了 2 000 万元。

事后，Linda 笑着说道：“我的老板海涛懂技术，深谙商业模式，我负责运营，我俩谈项目时有明确的分工，一般都是他唱红脸，我唱白脸当坏人。”这种冲在前面挡子弹、做苦差事的精神，Linda 在上一家公司就具备了。

当时，Linda 在一家大型金融公司的香港分公司中做业务总监。“我是所有利润中心里业绩最好的，没有之一。”回忆起那一段经历，Linda 还是一脸骄傲。当时，海涛去香港找 Linda，拿着一张纸，兴奋地跟她畅谈了未来互联网的趋势和他的创业梦想。

“你在金融公司做得不错，怎么会跳进互联网？”我问道。Linda 当时在深圳和上海开辟了新业务，总是那个拎着包火速出差、拼了命“从 0 突破到 1”的开路先锋。

“互联网是一个全新的蓝海。”Linda 说起当初的转型，还是一脸兴奋，“当时，金融行业还有很多限制，但是互联网充满了想象力，只要你敢想、敢拼，就有无限可能。”

到了A公司，Linda一开始有点儿失落，虽然她作为高级副总裁，管理公司的所有运营，包括财务、人力资源等，但毕竟是从“前台”转到了“后台”，当时公司的核心业务是技术和文字。“没人能顶上，只有我顶上了。”Linda感慨道，“先为公司多想想，我的事情以后再说。”

当了公司六七年大管家之后，Linda又跃跃欲试，想冲锋到业务前线了，她瞄准了“音频分享”这个新业务。可是这一次，一向支持她的海涛不同意：“在知识分享这个领域中，已经有好几个“独角兽”企业了，你现在介入进去没什么空间了。”

然而，Linda对此有独特的见解，她反复游说道：“知识分享不一定非要是‘新的知识’，针对一个问题人们从不同的角度来理解和诠释，这本身就是一个有趣的知识再挖掘过程。人人都是知识的创造者。”在海涛犹豫时，Linda一再保证：公司的运营我还管着，“音频分享”这个新业务我利用业务时间干，尽量少占用公司的资源。没准儿，这个产品线还会像腾讯的微信一样，成为一款爆品呢。

“你都这么说了，老板能不同意吗？”我深深佩服Linda这种视野开阔、以退为进的策略。

“创业经理人既要在关键时刻替老板挡枪眼，但又不能自恃功高，随意越权。”Linda笑眯眯地说，“有的经理人说‘老板卸磨杀驴’，其实驴干得好好的，谁愿意杀驴啊？”

我大笑不已，进而好奇地问："Linda，你从金融到互联网，再到知识共享领域，这些跨界你怎么那么快就实现了？"

"如果你把自己定义为金融专家、互联网专家和媒体专家，跨界的难度就大了。"Linda 笑着说道，"我把自己定义为组织者和连接者，只要构建出清晰的产品思路，就可以整合各方资源，打造一个广阔的平台。万物互联，不仅是一种技术，更是一种心态。"

【小唐飞刀】

管理学大师德鲁克曾谈及"后资本主义社会"：在过去一百年的企业里，企业的内部结构是由等级和权力共同组成的。然而，在新兴企业中，内部结构必须建立在互谅互让和责任这两个基础之上。

在组织中遇到分歧或冲突，并非都是"对与错"的抉择，尤其在充满不确定性的创业型组织中。按照"积木论"的理念，每一个意见都有可成功的概率，人们需要考虑"是否具备配套资源"，以及"哪个配套资源的效益更高"。除了分析事情的利弊、得失，人们更多倚重的是彼此的信任与格局。

【宇红心语】

心态不同，感受和做法迥然不同。

做事冲在前面，为组织多贡献，为老板挡子弹。

做人把握分寸，不论怎样劳苦功高，也清楚“谁是老大”“我是老几”。

创业经理人的境界高一点，短期看似吃亏，长久获得回报，并且是持续的回报。

【你的感悟】

格局

认知盈余遮蔽了你

W 先生在华为技术有限公司工作了多年，凭借着务实严谨的工作作风，屡次在业内获得嘉奖。因此，他被一家民营企业请去负责军工安防方面的业务。这家民营企业的创始人 A 先生也是在行业中摸爬滚打多年的老将，两人可谓一拍即合，准备大力拓展军工行业。

W 先生来到这家企业之后，经过一番仔细的观察和分析后发现，为了达成老板的目标，必须对现有的产品和交付进行大幅度改造。因此，W 先生制定了针对研发、技术等多方面严格的保障体系和支撑体系，还有各种相应的配套资源。然而，创始团队包括 A 先生，觉得不一定需要投入这么多，至少不必这么大的动作，在现有基础上修修补补就可以了，并且这些投入也是当时企业条件所无法支撑的。

然而，W 先生认为，为了达到最优的效果，客观的依赖条件和生产要素是必须具备的。如果不具备就需要去填补，如果无法填补，就只能根据现有的条件，调整预期的效果和目标，但是很可能达不到当时的设想。说白了达不到他要求的投入，就做不到老板要求的目标。

创始人 A 先生却认为，W 先生的这些判断都是基于过往的成熟经验得来的，既然要做颠覆式创新，就必须跨越不连续曲线，弯道超车，潜台词就是“少花钱多办事”。

W 先生坚决地反驳道：即使是颠覆式创新，也无法在条件不具备的情况下，做“无源之水，无本之木”。

A 先生反复强调：我在过去多年的创业过程中，大多是在条件不具备的情况下达成超额目标的，我们创业型企业不能等所有的条件都具备了才去谋求发展。所谓“成功者的窘境”，经常是被过去的成功经验束缚了手脚。

在一番你来我往的纯枪舌战中，A 先生和 W 先生之间的信任度越来越低，最后不欢而散。其实，两人说的都有一定道理，只不过他们都是各自领域的成功者，在自己的领域中形成了一种认知盈余，潜台词都有一种“这都是我玩儿过的”。然而，双方都没有意识到，由于都徘徊在各自的成功领域里，反而蒙住了自己的眼，睛，形成了一种经验过剩导致的认知遮蔽。

【小唐飞刀】

每个人都徘徊在自己的奥秘里，没有伴侣。前段时间，“认知升级”之风是非常流行的，貌似只有“认知升级”才是正确的，这其实和“消费升级”一样都是正确的。饱暖思淫欲是人类千百年来的通病，智商税也是各种升级的代价之一。企业家、创业者、经理人都有自己的思维定式，都有各自的舒适区和路径依赖，每个人都需要跨越自己的边界，认知盈余和认知遮蔽只是一线之间，大家都需要向前迈一步。

【宇红心语】

每个人的教育背景、职业经历和思维模式不同，出现不同的观点是正常的，也是有价值的。关键是如何让“差异”带来思维突破和业务创新，而不要让“差异”破坏了“信任”，影响了共同目标。创业者和创业经理人静下心来，站在更高的位置，换位思考一下：

你从“正规部队”挖来一员大将，看重他的是什么？可以接纳的是什么？你需要做一些什么调整？

你从“黄埔军校”冲进“游击队”，在林海雪原作战，在井冈山打游击战，哪些战术是有效的，哪些战术需要灵活调整，哪些环节可以因陋就简？

面对差异时，不是争执“你对”或“我对”，而是认可彼此的价值，聚焦于目标。

【你的感悟】

格局

重塑希望

高级人才咨询公司 Kerry 的董事总经理 Diane 带领三位顾问，在会议室里商议着一个新的高管招聘项目。

“Corina 是一家英国工程建筑公司，六年前在杭州建立了一个合资公司（Joint Venture，JV）。这个 JV 有 1800 多人，年销售额达 570 万美元，这些年来业绩一直不太好。今年，Corina 有意卖掉这个 JV，目前有两三家跨国公司感兴趣，其中包括美国 GK 公司，这是一家全球领先的能源设施公司。为了把这个 JV 卖一个好价钱，当然目前这是高度保密的！Corina 的董事会希望为它配置一个高素质的管理团队，一共七人，全部由我们来招聘。”

说到这里，付宁打开文件夹，拿出一页纸念道：“这个 JV 以前的管理团队全部换掉，新高管团队包括董事总经理（Managing Director，MD）、首席财务官、销售总监、市场总监、项目总监、采购总监和人力资源总监。所有的高管人员在三个月内到位!”

众人满脸惊诧：这么紧的时间，这么多的职位，居然还是在杭州！

在七个高管职位的搜寻中，最难的两个职位是 MD 和销售总监。Diane

清晰地描述了MD的核心要素：他不仅要有很强的战略决策力、团队领导力，还需要具备在合资公司的人际敏感度和处理事情的灵活度。总而言之，高度的领导力和勇气，才可以担任这个“微妙时期”的领军人物。

过了两个半月，有五位MD的候选人渐渐浮出水面。他们各自有独特的竞争力，但都有大大小小的不足或不确定性：

宋涛：四年前从美国回到上海，家庭观念很强，不愿意离开妻子和两个孩子去杭州。

Steven：一直在外企担任高管，有三年总经理的经验，但对JV的管理有顾虑。

Michael：有些犹豫，要不要接这个前途不太清晰的JV，并且它带有较重的国企色彩。

霍邢天：40岁刚出头，之前管理的合资企业只有六百多人，而且以渠道营销为主。

兰刚：一家法国电力JV的副总，擅长团队管理、人才培养，但市场突破力不明显。

Diane反复评估了五人的推荐报告和性格测评报告，决定重点面谈两位候选人：宋涛和Michael，对他们展开了强有力的攻心之战。

宋涛毕业于清华大学，又在美国拿了水利工程博士学位，从几次交流中能听出来，他对技术非常关心，其创新动机很强。付宁在交流中特别谈道：Corina 公司的技术研发很有实力，连美国 GK 公司都想收购它。最后，付宁抛出了一个很“宏大”的诱惑点：根据国家水利发展“十一五”规划，在未来五年内，会有一系列大的水利工程项目上马。凭借 Corina 公司综合的技术水平，如果能够再添加一些定制化的工程解决方案，一定会在这个行业中大有作为。宋涛很感兴趣，但还是没有最后下决心，他要再考虑一周。

Diane 针对 Michael 实行另一种策略。Michael 在一家外资公司做了五年总经理，销售业绩一直不错，但是能看出来他的成就动机非常强，想做一番更有影响力的事业。

Diane 对 Michael 细细道来他目前的职业前景：“其实，对于一些外资公司来讲，虽然说是总经理的职位，但最关键的其实就是销售额。你在这家公司的销售业绩已经连续五年递增，在随后的日子里，根据行业周期，再提升是很有难度的。”

“即使你的业绩再好，未来两三年内也不太可能升到大中华区的总经理，那个位置上有一个香港人，更不可能升到亚太地区，那里一直是老外把持着。然而，在 Corina 公司，你有独立的管理职能，不光有营销、生产运营、供应链，还包括一个相当全面的技术团队。总而言之，Corina 是一家在行业中有声誉的公司，而这个 MD 的职位含金量很高。当然了，挑战性也异常高，不仅要优化内部运营，还要拿出不错的业绩来。”

Michael 沉默不语，付宁再一次加重了砝码：“很有利的是这次你不是一个空降兵，而是有一支高素质的登陆小分队。你们在一起高效协作，应该能够创造出更多的可能性。这也是董事会决定整体调整的原因，希望重振公司'行业领先者'的声望。"

听到这里，Michael 精神一振，马上问道："那原来合资企业中的中方管理者呢？"

Diane 微微一笑说道："全部换血，一人不留。"

Michael 爽朗地笑了，感慨道："温文尔雅的英国人都这么拼了？！"随后，他详细询问公司目前的经营状况、客户反馈、董事会的期待、新高管团队……Diane 层层深入地汇报，细细道来。三个多小时的交流中，两人聊得细致流畅、波澜不惊。最后，Michael 明朗地笑了笑，说道："Diane，谢谢你这么全面地帮我分析！好吧，我再去搏一把。"

两个半月后，Diane 将七份"候选人报告"和一份厚厚的"管理团队评估报告"递交到了董事会手中。"Diane，很好！我们期待着这个新团队的到来。"董事长 Victor 很满意。

终于，在一个阳光灿烂的上午，七位高管在上海首次见面。随后，Corina 公司的重大组织变革有条不紊地开展起来：

新管理团队和 Corina 公司的董事会举行了第一次见面会；

董事会宣布新的管理团队上任，同时宣布解聘原有的管理团队；

新的管理团队高效运转，他们召开了第一次管理会议、全员会议，全面接管合资公司。此外，他们还进行了客户资源盘点、业务流程梳理、岗位职责描述……

一个月后，Michael 引领了一场雷厉风行的变革，席卷整个合资公司：公司制定了清晰的发展策略，重点攻克三大行业；调整了组织架构、裁减了 1/3 的冗员；核心高管签署“目标协议书”，全公司实行简洁而透明的“绩效管理”；公司文化清晰地聚焦在“客户为先、快速反应”上……Diane 给 Michael 打了两次电话，Michael 不是在大客户那里开会，就是在和管理层开会，或者在生产一线上听技术汇报，看起来真够拼的。然而，这个新组建的高管团队也很有战斗力，似乎大家都憋着一口气，通过自己的努力去突破更多、创造更多……

半年后，一个意外的惊喜传来，新高管团队的表现很出色。他们完美地达成了公司四季度的发展目标，在几个大的行业客户那里拿到了意向订单，并且公司的运营效率也提升了不少。Corina 公司的董事会经过几轮商议，最终决定不出售这家合资公司了，让其在新团队的带领下继续拓展中国业务。

【小唐飞刀】

“为了把这个合资公司卖一个好价钱。当然，目前这是高度保密的！”听着就可怕，吸引一个资深经理人过来，只是为了把公司卖掉，卖一个好价钱……以“牺牲”一个或几个经理人的职业前途为代价的“阴谋”堂而皇之地上演着，你不要惊讶，世界就是这么彪悍。还好，Michael 的格局拯救了自己、拯救了企业，在不斤斤计较的情况下接下了这盘业务，以自己的专业实力、以“二次革命”的创业之心完美地扭转了局面。这是庶民的胜利，当然，我也深深地怀疑，如果 Michael 最初知道自己就是一个看守内阁，还会不会接下这盘棋……

【宇红心语】

Diane 学过心理学，在她的面前，每一个候选人都是一座“冰山”，虽然外在的言语和行为各异，但在冰山下面有更丰富的内涵，例如，知识和经验、自我形象、价值观和动机等，越往下越深。这些水面以下的因素，对于一个成熟的经理人来说很难改变，尤其是价值观和动机。但是如果能够让他多一些觉察，多增加一些新的视角，就有可能影响对方的思维和行为。例如，她在跟 Michael 的交流中，重点激发了 Michael 的成就感，尤其是在一个更复杂的管理中和更有挑战的情境下去扭转困局。令人惊喜的是，Michael 带领新组建的核心团队抓住了机遇，不仅改变了一个组织的命运，也为自己的职业生涯添加了绚丽的一笔。

克劳塞维茨在《战争论》中写道：“面对战争中的不可预见性，优秀的指挥员需要必备两大要素：第一，即使在最黑暗的时刻，也具有能够发现微光的慧眼；第二，敢于跟随微光前进。”看到希望、重塑希望，优秀的领导者总是能点燃自己，继而点燃他人、激发组织。

【你的感悟】

格局

向下生根，向上长叶

最近，我观察了两家非常有趣的企业，都是在大数据行业当中比较领先的企业。两家企业的发展路径迥然不同。

D 公司的创始团队来自国内的传统公司，深谙严酷的科层制体系的优缺点。在创业之后的组织架构中，就只设置 CEO 职位，没有副总裁职位。几个早期的合伙人各自带领了一个业务班底，自然就搭建出了一个以业务为核心、以合伙人为带头人的组织架构。之后再加盟进来的伙伴，要么平行扩展新的业务单元，要么在这几个单元中寻找位置，业务的扩张很快、也很平滑。随后，D 公司逐渐地形成了一个去中心化，各取所长、相互协同，又各自聚焦的一种灵活业态。在大数据领域中，D 公司有几十个模块产品和应用。上市之前，D 公司只有二百多人，已经实现了数亿元的销售额、数千万元的纯利，并且职能部门的人数极少。

另一家企业 F，前身是某国际化企业的实验室。企业 F 构建时的假设是“技术改变一切”。在构建之初，就按照成熟型企业的早期方式构建了一个麻雀虽小、五脏俱全的组织架构。在迭代过程中，这种组织设计的结果导致反馈周期拉长，反馈信息失准，而实际控制团队逐渐失去了对商业环境的真实体感。由于越来越少的真实体感，导致实际控制团队心里越来越没底，出于自保，各部门变得越来越封闭，甚至粉饰太平、弄虚作假的风气越发严重，大家从思想上越来越僵化，而行动上越来越发散。虽然在形式上宣扬了互联网公司的工程师文化，但在实际落地的过程中，一个互联网创业公司硬生生地变成了一家未富先老的企业。

【小唐飞刀】

成熟型企业是基于单点价值的延伸和溢出，成长型企业是基于协同价值的聚焦和收敛。和出身无关，聪明人办糊涂事儿的也比比皆是，坏事也大多是好心办出来的。这里面的一个本质问题就是你的格局够不够，英雄不问出处：虽然你来自传统企业，但你真实地感受了实际环境的利弊得失，站在一个更大的格局上驾驭组织，自然会少走弯路；虽然你出身名门正派，但只知皮毛看到的都是结果，不能从底层逻辑去理解真实的世界，自然只能照猫画虎。所谓成熟型企业与创业型企业，其实不过一步之遥。

【宇红心语】

在自然界中，枝繁叶茂的大树，其根基都深埋于土壤中，枝叶向上捕捉阳光，自由奔放地释放生命力。在园艺中，人们先是固定好一个铁丝架，再绑紧一株弱小的植物，盆景看似枝叶婆娑、身姿婀娜，但已损失了活泼的生命力。

一个组织的生命力：其一扎根于顾客需要；其二来自创业合伙人的专

业和拼搏。组织架构、业务流程，是用于支撑生命力的，而不是扼制生命力的。

【你的感悟】

参 考 文 献

[1] 爱德华·威尔逊. 人类存在的意义[M]. 钱静，魏薇，译. 杭州：浙江人民出版社，2018.

[2] 吉姆·柯林斯，杰里·波勒斯. 基业长青[M]. 真如，译. 北京：中信出版社，2009.

[3] 克莱·舍基. 认知盈余：自由时间的力量[M]. 胡泳，译. 北京：中国人民大学出版社，2011.

[4] 尼古拉斯·卡尔. 玻璃笼子[M]. 杨柳，译. 北京：中信出版社，2015.

第三章

大情小事

职业经理人从成熟的大型企业、优秀的外资企业进入快速发展的创业型企业，文化感知力与调适力是极其重要的一环。所谓的“大情小事”，可以从以下三个层面来体味。

安全感：在不确定性下，构建自己的心理安全感

同理心：专注地倾听，懂得对方的感受和需要

信任感：从诚信、动机和能力等维度来评估人

本章的以下七个案例生动地展现了“情”与“事”的交融。

安全感：“可控”与“失控”

安全感：为了我的兄弟们

同理心：“玻璃心”与“金刚心”

同理心：下得了厨房的首席技术官

信任感：“非暴力不合作”

信任感：一叶蔽目

信任感：豪华的创业生涯

有人说，鱼是世界上最后一个感知到水的动物。而企业管理中的“心理环境”对我们而言，就像水中之鱼一样，虽然渗透在大部分的组织生活中，但是我们很少能觉察到它。

——道格拉斯·麦格雷戈，《企业的人性面》

“事”和“情”是永远连接在一起的两种能量：“事”是空间、时间、资源、挑战等因素的质感集合，“情”是认知、感受、渴望、冲动等因素的内在循环。在成熟型企业中，两种能量在长期演化中逐步稳定、相互促进。而在成长型企业中，企业家一方面利用“情”的能量大力推动“事”、感召“人”，但有时又会把握不好分寸，被“情”与“事”两种能量所困扰。

在组织中，与“情”相关的几个关键话题包括安全感、同理心、一致性、信任感、组织氛围等。拿捏不好“情感”，即使占据了技术、资金、商业模式的先机，也未必能顺利冲到彼岸；若能洞察、把握好“人性”，处理好“情感”“士气”，无论遇到怎样的不确定性，创业团队都能一路高歌、奔向目标。

安全感

高度的不确定性引发了低度的心理安全感。

在创业中摸爬滚打几年、十几年，渡过一次次危机与突变，经历过一轮轮创业伙伴的争执、分离，甚至是背叛，大多数创业型企业家的“心理安全感”并不高。

然而，职业经理人离开成熟型企业的氛围，拥有十几年稳定上升的职业曲线，凭着一腔热情或几番交谈，毅然冲进一个陌生而不确定的环境，内心也充满诸多不安和焦虑。

作为一个职业经理人，进入一个创业型企业，我常常思索：

如何快速融入新环境？

如何获得老板和同事的认可？

与老板如何建立“心理契约”？

与原有的创业伙伴如何相处？

在一些民营企业内部，“空降部队”与“地面部队”之间的冲突，即后来加入的职业经理人与追随创始人打天下的原有团队的矛盾，比职业经理人与企业家之间的矛盾还要严重。实际上，这两种矛盾往往互为因果，相互推波助澜。创业者们（包括企业创始人和控制人在内），经常回顾过去的峥嵘岁月，强化彼此之间的情感，或者激励老兄弟们再接再厉。看到这种情形，职业经理人往往在旁冷笑着说道，“这帮人就像水泊梁山 108 将中的宋江和李逵”，或者划出心理界限，“我跟他们毕竟是不同的”。

创业型企业家对这批“创业兄弟”的态度是复杂的：一方面，觉得他们是忠诚的、可信赖的；另一方面，时常觉得他们的能力和意识跟不上，要么“苦口婆心”地激励，要么一次又一次地给机会……企业家常常陷入“忠诚/信任”和“能力/贡献”之间的两难境地。这份心境，无论是空降兵，还是老兄弟，若有人能懂得，继而伸出援手、鼎力支持，你在组织中的地位就能稳如磐石。

创业经理人对组织中的“利益相关者”要当心一些。

无论你之前的业绩多么辉煌，企业家多么热诚地盼你到来，当你顶着总监、副总、首席技术官等光环（殊不知，内部候选人拼了数年、等了两三年后，希望落空），拿着百万年薪加入时（“空降兵”的薪酬根据人才市场决定，往往高于原来的创业团队），你的身边已是冷眼四射、暗流涌动了。

无论你有多少抱负，多想吐故纳新、速见成效，请当心，先好好生存下来，再徐图发展。当“空降兵”和“地面部队”冲突时，后者对企业内部的情况更为熟悉，设计“陷阱”也更加不露痕迹。如果你莽撞行事，陷入了是非旋涡、伤害了既得利益群体，或者突破了老板的利益边界，你的计划再完美，也会在工作中处处受制，难以施展抱负。

无论你的变革计划多么完美，多少都会触动人们的心理安全感、破坏一些人赖以生存的环境。“拐大弯”“先连接，再超越”“在处理事情之前，先处理心情和感情”，这些话的形式不同，但核心都是要关注人，尤其是人的情感。

我有一个朋友在国企做了十几年升至高管，离职后，他来到一家高速发展的民营企业做副总裁。进入这家公司后，他按部就班地做了几个常规的管理动作，如强调工作规划、工作强度，以及实行淘汰制度等。前两项大家还勉强配合，但“绩效考核”触动了每一个人的神经。在这样一个七百多人的中型企业中，彼此之间的绩效水平大家都是心知肚明的，很多时候，绩效不佳并非是由一个人能够承担的。我的这个朋友为了迎合老板的诉求，快速淘汰一批高薪酬的老员工，他强力推进“绩效考核”，这一举措让各层员工感到了压力，更感到了寒心与恐惧。于是，有些人消极应对，有些人无理取闹，而有些人在恐惧与愤怒之下拉帮结派，影响了一些原本绩效不错的人。最终，公司虽然淘汰了一批成长性不足的老员工，但破坏了团队的凝聚力，离开的人怨声载道，留下的人惶惶不可终日，公司的整体绩效反而下滑。

建立心理安全感，创业经理人可以从三个层面尝试。

第一个层面，是安定自己的心。无论暂时遇到怎样的挫折，相信我是有价值的。承认进入一个新环境，我还有许多不懂的，有很多不足，我要虚心求教、快速成长。

第二个层面，是坚定老板的心。表达自己对组织的承诺，清晰我们的共同目标。与老板慎重地商议后，选择一个目标、一项任务，建立一种“心理契约”，为自己随后发起的“闪电战”或“攻坚战”营造良好的支持系统。

第三个层面，是安抚伙伴的心。相信创业伙伴之前付出了很多，你们是有独特价值的，是值得尊重和感恩的。承认我需要你们的支持，我需要一段时间融入团队。我还要明确表达：无论老人、新人，还是老板，我们归根结底都是“职场人”，都是为了支持公司快速增长、持续创新。

同理心

深层次的同理心，既能关爱自我，也能连接他人，进而赋能组织。

在易变性、不确定性、复杂性和模糊性的形态下，企业需要的不仅是管理力，更是领导力——觉察、改变旧有的思维模式和行为模式。纵观一系列变革，大量失败的套路是“分析—思考—变化”，这过于理性和过度使用线性思维了。然而，成功的模式则是“目睹—感受—变化”，其中最重要的一环就是“感受”，领导者能否感知和转化人们的感受，进而改变人们的行为、达成组织目标。

1999 年，微软公司曾经创下了上市公司最高的市值纪录——6 616 亿美元。在随后的十几年里，微软公司错失了在搜索、SNS、移动互联等领域内的创新机会。这让硅谷人士慨叹：又一个 IT 巨人被淘汰了。然而，2019 年 7 月，微软公司的市值突破万亿美元，达到 1.06 万亿美元，超过了苹果、亚马逊和谷歌等一流高科技公司，再次问鼎全球身价最高的上市公司。

王者归来！如何归来？

在微软公司 CEO 萨提亚 • 纳德拉的著作《刷新，重新发现商业与未来》中，这位产品经理出身的领导者写道：这是一本关于转型的书，既包括我个人的转型，也包括当下微软公司的转型，而转型背后的驱动因素是同理心和赋能他人的意愿。

作为微软公司的第三任 CEO，纳德拉温和而有耐心，与上一任火爆的 CEO 鲍尔默拥有迥然不同的领导力风格。2014 年，纳德拉刚接任 CEO，就推荐全体员工阅读《非暴力沟通》，让大家一起感受语言的温暖、同理心的力量。他在微软公司富有创意的文化中，添加了两个人性的因子：带着同理心去倾听和真诚赞赏。在残酷的商业竞争中，他试图打造一个更加开放和更加包容的生态圈，将微软公司的应用工具与竞争对手的平台“无缝隙对接”，为顾客提供更加丰富和更加便捷的服务。

纳德拉在书中满含深情地写道：“在一个技术激流以前所未有之势颠覆现状的世界里，同理心比以往任何时候都显得珍贵，我们必须拥抱共同的人性，去创造一个充满尊重、同理心和机遇的社会。”

何为同理心？

同理心是关于我们当下的状态和我们的关注点。

我们更注重的是“倾听”，而不是“说什么”。

无论同意与否，我们聆听最真实的他们，不带评判，不加分析。

我们把自己放在他人的角度，去体验他们的内在心理：他们的感受是什么？他们真正需要的是什么？

对于伙伴来说，同理心意味着什么？不是滔滔不绝地说，而是“安静、专注地倾听”，在倾听中传递尊重、理解与关爱。在伙伴失败或迷茫时，静静地陪着他，轻声地鼓励他：“慢慢来，总会越来越好的。”

对于顾客来说，同理心意味着什么？准确而细腻地理解客户的情感和需要。正如一位高科技行业的创新者所说：未来的创新，不仅需要技术，更需要情感与美感。

Keep 是一家拥有一亿多用户的“独角兽”，它通过提供独特的 App，让热爱健身的人们通过移动互联网，同时和几万人一起运动、分享、点赞。你享受的仅仅是汗水与健康吗？不，在一个火热的运动社交群中，你还拥有了更多的陪伴、鼓励，以及“在一起”的奋斗与开心。

“作为这家公司的领导者，我的工作就是在狗屎堆里找到玫瑰花瓣。”

——纳德拉

初闻此言，我非常愕然，纳德拉竟说得如此直白！再琢磨一下，心中略微释然。如果连这样一家伟大的跨国企业的 CEO 都觉得周围有一坨坨狗屎堆，在公司内大力倡导“尊重”“赞赏”“同理心的力量”，试图发现并培育更多的玫瑰花，那我们这些创业经理人还有什么可抱怨的呢？首先，在创业型企业中，“狗屎堆”的密度恐怕会更高；其次，我每天都极有可能在制造“狗屎”；最后，辩证地看，狗屎与玫瑰花若相处得好，是能够彼此滋养，体现各自“存在价值”的。

大量的心理学实验发现，幽默、亲社会、重新赋予意义，都可以让人变得积极主动，让整个团队拥有更强、更富于弹性的心理能量。

放下自身的骄傲，敞开心胸、竖起耳朵，谦逊地倾听、耐心地感知身边的伙伴，一步步地先连接人，再处理事。

信任感

创业并非 种职业，而是 种生活，既能激发人性的美好，也会凸显人性的阴暗。人并非绝对理性的，最多是有限理性的。无论是在成熟型企业，还是在成长型企业中工作，如果不能获得周边同事上下游关系的支持，有多大的能力也都很难施展。从本质上来说，能力的释放需要广泛的协同，有相当的比重是资源协调的博弈。能够获得伙伴的信任和支持，激发大家共同面对不确定性，这是一个强大的本领。解决一个情绪上的问题，往往比解决一个纯粹的技术操作还重要。

在成长型企业中，很多事情都具有高度的不确定性。在工作过程中，很多人面对不确定性持有一种怀疑的态度。在一个长周期内，可以去验证一件事情本身的正确与错误；但是在一个短周期内，无法立即识别正确与否、希望有几分，那么信任就成为这件事能否持续下去、能否抵达验证周期的关键法门。

下面，我们从两个经典的理论来剖析一下创业型企业家与创业经理人之间的信任。

在《信任的速度》一书中，作者史蒂芬·柯维用一棵苹果树比喻了信任的核心要素。

树的根基是“诚信”，你的人品如何？

树干是“动机”，你是只想着利己？还是先利他？还是秉持着“双赢思维”？

树枝是“能力”，包括你的天赋、态度、技能、知识、方式等。

树上的硕果是“成果”，包括你之前的业界口碑，以及当下取得的成绩。

当职业经理人进入一家创业型企业时，信任的基石是什么？我将从以下三个方面来阐述。

第一，成果。职业经理人在过往的职业生涯中获得了成就和口碑，但是在别家土壤中结的果子，在这片新土地里是否也能长出来？这未必能长出来。

第二，能力。在成熟型企业中练就的本领，在创业型企业中能发挥多大效能？也要依赖诸多因素，如下属的职业素质、团队的协作精神、老板的充分授权、组织的运营效率……

第三，动机。职业经理人加入进来，是预备着和创业伙伴一起奋斗、同甘共苦，还是准备积累一段高管经历、借势“华丽转身”“换个行业”？还是探探水，为自己今后的创业做准备？此外，创业型企业家对新来的职业经理人是真心信任、充分授权？还是将信将疑、垂帘听政？只要稍微觉得不爽，就立即抢回权力。

在“信任矩阵”（Trust Matrix）中，Bromiley 教授与明尼苏达大学的同事 Larry Cummings 将信任分为两个方面：信任的构成要素和信任的维度。信任的构成要素包括情感、认知和企图的行为。而信任的维度则表现在保持承诺，诚实地谈判，以及避免过分利用别人等方面。

纵观创业型企业家与职业经理人之间的纷争，从“同心同德”一步步演变到“同床异梦”“同室操戈”，大多出于以下三个原因。

第一个原因是缺乏情感连接。职业经理人一心做事，容易忽略公司中的利益相关者。如何化解他们的质疑、不满，转而形成开放、坦诚的协作关系，是关键的第一步。

第二个原因是没有保持承诺。从最开始的“无条件应允”逐渐降至“有条件的限制”，创业型企业家与职业经理人之间的期待差距越来越大，因此陷入尴尬的境地。一方满腹怨言：“你当初承诺的，大多没实现！”另一方失望至极：“你根本没达到绩效指标，还浪费了宝贵的时间，我凭什么对你实现承诺！”

领英的首席执行官杰夫·韦纳曾说过：“在时间的流逝中，保持一致就是信任。”对于创业型企业家而言，谨慎地许诺、真诚地支持和反馈、诚信地兑现诺言，或许能不断增强彼此的信任度，减少双方的心理落差，从而更有效地达成共同的目标。

第三个原因是，职业经理人与创业型企业家的“认知偏差”较大。

在成长型企业中，一些创业型企业家奉行人治管理、直接管理，感性色彩浓郁；而职业经理人希望通过清晰、理性的规则来管理企业。因此，在日常协作中，双方都有些不适应。再加上，少数创业型企业家作风粗暴，对员工不够尊重，更加剧了职业经理人对其不信任的程度。几年前，我的一位朋友决然离开了一家很有前景的民营企业，不仅放弃了副总裁的职位，而且舍下了百万元的年薪、几十万元的期权和一套房子的优厚待遇。老板百思不得其解：“他怎么回事？我对他那么好！”别人也觉得太可惜，但他不后悔，淡然地说道：看到老板对下属的那种做派，一副傲慢的姿态、不留脸面的斥责，虽然他没这么待我，但我也憋屈得难受。

以上冲突，有些来源于创业型企业家和职业经理人的不同立场，有些来源于双方不同的知识背景、教育程度、思维模式和沟通方式，还有些来源于不同的成长经历和价值观。期待双方能真心信任、深度融合实在不易，着实是一个“小概率事件”。

如此说来，创业经理人需要重新审视一下“信任感”。我将从以下三个方面来说明如何重新审视“信任感”。

首先，要做到对自己的信任。我愿意放多大的“信任尺度”？我能经受住多大的损失？

其次，要做到对伙伴的信任。我看重的是他的能力、之前的成就？还是相信他的动机，进而相信他这个人？一般共事，有前两者就可以了。拼搏创业、全力以赴，还是要掂量后面的两个因素。

最后，要做到对人性的信任。人们之间大多存在着“互惠关系”，当我率先表达善意、给予帮助时，会让对方产生“亏欠感”，继而引发人与人之间“投桃报李”的良性互动。倘若有人对我们让步了，我们便觉得有义务也退让一步，许多营销策略中都巧妙地应用了这一原理。归根结底，你是相信“人性本善”，还是“人性本恶”？

综上所述，创业型企业家与职业经理人，如果能在安全感、同理心、信任感这三个方面多花一些时间、多一些体察，弄妥了“大情”，那么其他的都是“小事”。

安全感

“可控”与“失控”

几年前，我的好友天睿经历了职业上“惊喜的一跳”！

“Cindy，我要去华鑫集团担任CEO了，下周去广州上任。”某一天，天睿打来电话报喜，这个消息让我猝不及防，我急忙问道：“什么情况？你不是在美国读MBA吗？”去年，天睿离开一家法国的合资公司，辞去副总裁的职位，去海外深造。

“两个月前，华鑫集团的CEO遇到空难去世了，我在波士顿的一次商务酒会上遇到了公司的创始人黄老先生，就是CEO的爸爸，我们聊得火花四射，相见恨晚。于是，黄老当即邀请我去广州看看。上周，我们在广州见面后又深谈了一次，他就力邀我加入华鑫集团了。”

“这么神速！天睿，这人靠谱儿吗？”我有点儿目瞪口呆。

“民营企业家有一种天生的、狼一般的嗅觉，一旦发现猎物立刻扑上去，毫不犹豫。这一点我很欣赏老黄！”天睿解释道。几天后，他提着一个小小的行李箱，兴致勃勃地去上任了。

“Cindy，明天一起喝咖啡吧。”有一天晚上，我忽然接到天睿的电话。

“你来北京出差了？”我很开心，“杨CEO，近况如何？”

“一言难尽，我离开华鑫集团了！”电话那头的声音闷闷的。

一见天睿，我就问了一连串问题：“怎么回事？我之前一直听你说做得还不错嘛。是你主动辞职的，还是他们有什么动作？”

“我被老黄炒鱿鱼了！”天睿自嘲地说，“我上任两个月之后，黄老的女儿黄文仪从美国回来了，和我一起担任联席CEO。我负责项目研发和业务拓展，她负责总体战略和人事财务。”

“是你们之间有什么矛盾吗？”我问道。自家女与外来汉的矛盾，这似乎很常见。

“一开始我心里是有点儿别扭的，但是我们相处了一个月，我发现文仪人不错。其实，她是被她老爸从美国生拉硬扯回来的。”天睿继续说道，“当我们商议开发几个新环保项目时，跟黄老的意见不一致。沟通了几次之后，文仪坚定地支持我的想法，跟她爸不依不饶。这下惹怒了老爷子，他就一脚把我踢出来了。我这个替罪羊当的真有点儿冤。”天睿的语气比较豁达。

我愣了一会儿，对此反转剧情说不出什么话来。

“咱国内的民企企业家就是这样，缺乏职业精神。”天睿居然开始安慰我了。

“其实，黄老最缺的是安全感，害怕失去对孩子、对公司的控制权。”我叹了口气说道，“天睿，不是你不好，而是你太好了，让黄老觉得不安全了。”

天睿有点儿尴尬地笑了，无奈地说道：“我有老婆了，又不会抢他女儿！”

【小唐飞刀】

永远不要低估老板对自己企业的“掌控之心”。绝大多老板要的是成功，而且必须是“我成功”，两个条件缺一不可。这是动物亿万年来进化的本能所导致的，根本无法化解。因此，对于创业经理人悲观点儿讲，干不好失职，干好了“功高盖主”——这就是宿命。当然也不完全是这样，远的有云台二十八将，近的有阿里巴巴集团十八罗汉，都是正面的案例，虽然不多。

【宇红心语】

人情、事情、心情，常常搅在一起，看似不相关，但在关键时刻，总会互相牵绊。

利益相关的几方，看似是为了“利益”而结盟、而奋斗，但有时候，在“心情”恶劣、“情绪”波动的情况下，某一方也会不顾利益，频出昏着儿，弄得各方受损。在家族企业中担任高管，对于人情、心情的敏感度应该更高一些。毕竟血浓于水，这是常情。

最近听一位投资人说道：一位高管被聘请至一家创业了四年多、收入几亿元的成长型企业。这位高管发现，两位联合创始人的妻子都在公司担任不同的管理职位。于是，他接受聘书的其中一个条件就是不希望看到两位夫人在公司继续任职。于是，高管到任那一天，两位夫人都悄然消失了。真牛，这位高管！真心希望，两位联合创始人在面临“内在压力”之际，不会将这份“隐形压力”传递到他的身上。

【你的感悟】

安全感

为了我的兄弟们

徐良是一位年轻的清华博士，四年前，他和中国科学院下属的一家研究院创立了安全软件公司“华夏云”。今年年初，“华夏云”被一家美国公司 Enko 收购，成立了合资公司“华夏安科”（中方占股 51%、美方占股 49%）。

在合资公司的 CEO 和首席技术官（Chief Technology Officer，CTO）的位置上，有两位现成的人选：一位是 Enko 公司负责亚太区销售的赵天奇，另一位是“华夏云”的创始人、软件专家徐良。Enko 公司的高层为了更高效地启动合资公司，请专业的猎头公司从外部寻找 CEO 和 CTO 的候选人，然后跟内部的两位候选人综合比较，从而确定最合适的人选。

经过一周的现场观察、访谈和问卷测评，猎头公司的资深顾问萧鸣发现两位内部候选人有独特的优势，但也有明显的劣势。

天奇十几年来一直做销售，熟知安全软件行业，业绩出色，但是团队管理能力稍显不足。尤其是面临兼并和重组后，如何管理好两支不同文化的团队？好在天奇的态度很谦逊，他与萧鸣交流时说道：“我确实没有做过一家公司的一把手，要学的东西很多，所以我会更加务实，一点一点地提升。”

徐良按照合资公司 CTO 的要求，有两点明显的劣势：他不仅缺乏系统的研发管理能力，而且更严重的是他非常情绪化。

在一次管理会议中，当谈到公司合资后原先的“华夏云”研发团队的薪酬如何变动时，徐良一方面承认，团队的研发实力不强，需要引进更资深的专业人士。另一方面，他却坚决要求，在合资后给那个团队的薪水提升20%。

徐良的那种执着和激愤，让天奇觉得很难理解。一开始，徐良耐心地讲道理、摆数据，但到后来见徐良还是一副决不让步的样子，天奇急了，脱口而出：“徐总，你要想清楚，你现在不再是‘华夏云’的创始人了，而是‘华夏安科’的副总裁，要为新公司负责任！”

这句话激怒了徐良，他愤然起身说：“我永远是‘华夏云’的创始人！如果没有‘华夏云’，根本就不存在‘华夏安科’!!”说完，他一甩门，大步地走了。会议室里的其他人面面相觑，会议不欢而散。

会后，萧鸣无奈地对天奇说：“徐良是‘挂上钩’了，把公司对自己的认可，和为研发团队争取薪酬这两者搅和在一起了。”

天安点头说：“是啊，外人看得很清楚，但研发团队是徐总四年前一点点建立起来的，他对一些老员工有很深的情感，难免容易感情用事。”

一周后，萧鸣约徐良到后海的“孔乙己”吃饭。徐良的老家是绍兴，他很高兴去家乡菜馆喝喝酒、散散心，还有机会和这位从“硅谷”回来的人才专家聊聊天，了解一下美国高科技公司的状况。

细细的姜丝、甜香的话梅，飘荡在清冽而甘醇的黄酒里。几杯热乎乎的黄酒下肚，两人之间的暖意自然地流淌开来。

萧鸣不露声色地展开了攻势："徐总，我知道，你作为公司的创始人，是希望给一起打拼的兄弟们一个最好的交代。但你仔细想一想，合资公司刚成立，还没有什么业绩，马上还要进来一批更资深的研发人员。如果你把现有团队的薪水抬得那么高，一来董事会恐怕不同意，二来后续的研发人员成本岂不是更高？"

徐良默默地听着，没吭声。

萧鸣诚恳地说："作为'华夏云'的创始人，你现在不是在跟资本家博弈，而是要带着新老团队去'二次创业'，去成就'华夏安科'的未来。"

"新公司的未来谁能说得准？我的未来都未必乐观，更何况我的团队呢！"徐良无限感慨地说，"当初成立合资公司，只是大股东的意思，并非我的想法。"

"事已至此，你现在要做的，不仅是给他们'争'一个不错的现在，而且是要去'共创'一个更长远的未来。"萧鸣想给徐良鼓鼓劲儿。

徐良叹了一口气，说道："我对这些画的大饼已经不太相信了。我们干技术的老实本分，总是被人玩弄。"听了徐良说的话，萧鸣理解地点点头，不再说话。

又喝了几杯酒，谈话的主角变成了徐良。

"我知道'华夏云'的这支研发团队，他们的能力不是很强，但是这五年来，他们跟着我不计得失、摸爬滚打。如果没有他们的支持，我根本支撑不到今天。如今成立了合资公司，我怎么着也得为他们争取一些利益吧。”

“徐总，我特别明白你的心思，”萧鸣谨慎地说，“但是成立合资公司是商业行为，是双方利益的体现。或许你得把‘情感’跟‘商业’稍微分开一下。”

“那兄弟们会怎么想我？”徐良叹气说道。

“先保住你的位置，争取成为新公司的 CTO，这样才能更好地支持你的团队。否则……”萧鸣几乎已经快要露底了。

过了许久，徐良冷漠地说道：“如果我说不呢！”

萧鸣艰难地说：“那或许你就不适合担任公司的 CTO 了。因为你今后要管理的不仅有原来的团队，还有新加入的研发人员。”

“我还是愿意跟兄弟们在一起，哪怕不做 CTO！”徐良很果断，“你也不用再劝我了，凡事顺其自然吧。”话说到这里，两人都沉默不语，似乎连空气都凝结住了。

【小唐飞刀】

自己从事的工作是谋生工具、是一项事业，还是使命召唤？很多时候没那么容易分清。案例中徐良的事业又掺杂了对自我的隐喻，被并购的企业就像被招安的自己。理性告诉徐良，事情这样处理对当下的可见利益是别无选择的，而感性又时刻质问自己是一个失败者。挫败感和不安驱使徐良用外在的刺激来平衡，自然会很纠结。

【宇红心语】

对于创业者而言，当自己辛辛苦苦创立的公司被收购时，自己从“一家之长”转变为“打工一族”，与自己一起打江山的伙伴面临着被裁的风险，心里难免会波澜起伏，内心充满了失落、内疚、担心、愤怒……在这个时候，心理安全感降至冰点。

只是当创业者在陷入感情旋涡时，要记得抬起头来，思考一下奋斗的目标：“我创业到底是为了什么？”也要相信，大多数职场人是理智的，“公司不是我的家”！即使当初创业时称兄道弟、说着“有福同享有难同当”，但在冷酷的现实面前，遵循的大多还是“价值为先”“边际效应最大化”。

【你的感悟】

同 理 心

"玻璃心"与"金刚心"

Anna去"思云"有半年了。"思云"创立有三年了，是珠三角新崛起的一家软件工程师培训学院。Anna做事卓有成效，她在三个月内就开设了系统的职业素质课程，不仅自己不辞辛苦地亲自授课，还培养出了三位培训师。为人也获得王院长的赞赏：各项事宜的快速推进、清晰简洁的阶段性汇报，还不时地提出一些好点子。

半年之后，Anna 调查了在校近万名学员的需求，跟王院长提出两个设想：一个设想是，为每一个班级配备一位班主任，与原来负责各班学习的项目经理形成"双人制"，一人支持学员提升技能，一人疏解学生的心理困惑，尤其在把握就业和选择职业的方面。另一个设想是，与相关专业的企业形成人才联盟，邀请企业到学校中开办讲座，或者开设定制化班级。听了这两个思路，王院长赞赏Anna，鼓励道："你就放手去干吧。如果需要更多的人手或其他的资源，随时跟我说。"

从那之后，Anna 雷厉风行地干了四个多月，这个教学管理部的人员扩大到了12人，包括四大功能：日常的教学管理、为学员开设职业素质课程、拓展学员的就业渠道、提供学员心理辅导。

某一天，王院长找Anna谈话，说道："最近项目部反映，说你们的班主任太过揽权，对项目经理不够尊重。教学部说，一些企业要求太多，手伸得太长，干扰了常规的教学进度。还有老师反应，你嘲笑他们的专业素质太低。"说到这里，王院长顿了一下，看着涨红了脸的Anna，安慰道："当然，我并不完全相信他们所说的，只是想听听你的想法。毕竟大家是一个团队，需要彼此协助、和睦相处。"

听完这些话，Anna 先是一愣，继而满腹委屈，自己带着团队的伙伴们拼死拼活地干了一年，除了苦劳，功劳更是有目共睹！委屈、失望、愤怒，这些复杂的情绪仿佛一缕缕浓烟，在胸中越积越满，似乎略松一下牙关，一大串抱怨、指责的言语就会从嘴里喷出来。

Anna 深深地吸了一口气，让紧张而略向前弓的双肩向后挺了挺，然后她尽量平静地说道："王院长，谢谢您对我的信任，也谢谢您把这些告诉我！"

听到Anna说的话，王院长略有吃惊，他原以为按照Anna的脾气，她会立即反驳或抱怨，没想到……随即，王院长的脸上浮现出笑容，微微点了点头。

Anna继续说道："王院长，我跟您说几个数字吧。自从设置了班主任，同学们的教学满意度从88%提升到了92%。每个月班主任都会帮助十多位同学做一对一的职业生涯咨询，我这里有不少学员的感谢信和微信留言。而进入我们学院的十多家高科技公司，对我们的教学品质和灵活度相当满意，有三家公司提出明年从大一就开设定制化班级。还有经过今年一系列的职业素质培训，我们毕业生的薪酬较以往也有了较大提升……”

对于 Anna 娓娓道来的叙述，王院长越听越有兴趣，完全离开了“安定团结、和睦相处”的谈话初衷。

Anna 顿了一下，继续说道：“当然了，这些成绩都是我们和其他部门的同事一起努力获得的。或许我对其他部门的一些同事要求过高，在跨部门合作中也有点儿急躁。但是王院长，我想我们都是为了共同的目标，就是把思云学院打造成 IT 实战型人才基地，在粤港澳大湾区享有盛誉。”

看到院长脸上的笑意越来越浓，Anna 继续说道：“至于项目部的有些人，我是看不惯！学员不是他们的私有资产，学员是我们的客户，我们双方应该尽一切力量去支持客户，给他们提供更多的增值服务。”

王院长叹了一口气，缓缓说道：“学院创立时的老人，看到一批一批的后起之秀进来，自然会有些失落感，有些小算盘也是可以理解的。你呢，今后也稍微收起一些锋芒，对老人多尊重一些。”

“我能理解，王院长，”Anna 爽快地笑道，“要是我看到不断有人超过自己，心里也会酸溜溜的。今后，我会摆正自己的态度。”

王院长哈哈大笑起来，抬头望着 Anna，问道：“明年我们要在亚洲开设一个分院，Anna 你愿不愿意支持我推动这个新项目？”

Anna觉得很意外：“为什么是我？我才来不久啊。”

王院长很有信心地说：“我发现你不仅能力强，还思维开阔、心胸豁达，不像有些人一颗‘玻璃心’，吃不得一点儿亏，受不得一点儿委屈。”

【小唐飞刀】

信任人品、信任动机和能力，是创业经理人和创业型企业家要达成的心理契约。所谓构建第四层心理链接，就是基于彼此的信任，对双方的底线有明确的预期，再来决定任用取舍。在修炼“金刚心”的过程中，企业家要宽厚，创业经理人要坚韧。

【宇红心语】

无论是从历史上的角色，还是从微妙的心理上看，空降兵、登陆部队与原来的地面部队之间常常会有利益上的冲突。创业型企业家在这个过程中发挥怎样的调和作用？既放眼于共同的目标，欣赏伙伴们各自的优势，也巧妙地提醒他们需要提升的地方。

有些创业经理人一进入新组织，就陷入了“自证价值”的模式，为了证明我很厉害，在工作中处处显得“我比你们都有本事”“我和你们与众不同”。而领导魅力中一个重要的因素是“共通性”，显示出我和你们是一样的，至少在某些部分是很相似的；另一个重要的因素是“同理心”，既肯定自我，也理解他人。

【你的感悟】

同理心

下得了厨房的首席技术官

旺食是一家发展迅速的餐饮集团，创始人王勇带着一帮兄弟奋斗了六年，已经在业内颇有声望，并且在东南亚地区开了二十多家连锁店。随着经营范围越来越广，公司必须要提升信息化管理，人人都要会操作计算机。可当年跟着王勇一起创业的兄弟们，都是从服务员做起的，文化水平不高，没一个人会计算机。他们的态度还很强硬，根本不愿意花时间学计算机，嚷嚷着说：“学计算机没什么用处。”

王勇非常头疼，说道：“公司需要国际化扩张，必须进行信息化管理。”他找来 CTO 许子高商量：“跟着我的老员工没一个会计算机，又不愿意学，你说这信息化怎么进行下去？！”

“您希望的目标是什么？”子高新上任一个月，不急不慢地问。

“只要他们能过基础关就行了，好歹能在计算机上写个报告，敲几个数字、改几个财务报表。做领导的，要给下面的人做表率。” 王勇苦笑道。

“当年跟着您创业的 12 员大将，要是有人实在……”子高话还没说完，张勇就打断了他的话：“你想什么法子我不管，反正一个都不能落下，他们都是跟着我一起吃苦、拼搏的老兄弟！再说，我们公司的文化是感受家的味道。怎么能让家人随便离开呢？”

“好吧，三个月，我让人人过关。”子高无奈地接下了这个难题。

于是人们看到，子高每个周末用两小时给管理团队讲计算机课，他讲课通俗而幽默，说道：“我就是 IT 界的郭德纲，相声界的比尔·盖茨。”参训的学员在欢声笑语中一点点熟悉了枯燥的Excel、Word之类的操作软件，有的还能做一两张 PPT。然而，那 12 员大将来学习的连一半都没有。于是子高经常穿梭于各家门店中，精准地捕捉着每一个高管，甜言蜜语地哄着他们：“强哥，你跟着勇哥六年多了，什么艰难困苦没经历过。搞定这两套 IT 考题，还不跟玩儿似的。”“徐姐，勇哥说了，这三四年，在好多事情上你都给他长脸，在这事上咱可不能掉链子！”“顺哥，其他五个事业部的老大可都差不多过关了，您得加把劲儿了。”

即使如此，还是有人硬顶着不练，说道：“我根本没功夫练，大不了卷铺盖走人。”子高就使出了温情的磨人功夫，耐心地劝慰道：“勇哥说了，您是公司的顶梁柱，您怎么着也不能走！我陪着您练习，今天下午如何？要不咱晚上一起吃个饭，饭后再练一小时？”在子高的软磨硬泡下，没一个人能逃过学习。

两个半月之后，全公司的 IT 考核通过率达 95%，12 员大将全体过关！

“子高，这两个多月，委屈你了，像个大保姆似的。”张勇非常感慨。

“您发话了，我怎么着也要搞定。”子高帅气地甩甩头说，“但说实在的，这两个月可比我编程累多了！”

【小唐飞刀】

管理就是激发人们最大的善意，“广结善缘”“与人为善”也是大情小事中“情”的所在。善待有过战功的元老既有情有义，也合情合理。只有跨越了“人文关怀”和“历史悲悯”这两道坎儿，企业和人生才算是成功的。所谓天人合一，本质上还是考验人性中“向善”的一面。

【宇红心语】

在创始人眼里，创业元老是“独特配方”中的关键元素，既有共同奋斗的经历，也有同甘共苦的情感，还有拧成一股绳的凝聚力和战斗力。不到万不得已，创始人不会对创业元老下手的。然而，如何既能保全创业元老，又不让他们拖后腿？解决此难题，需要的大智慧、大耐心，就不仅是专业技能那么简单了。“上得厅堂、下得厨房”，年轻的CTO子高堪称此间高手。

【你的感悟】

信任感

“非暴力不合作”

这两个月来，国际猎头公司的资深顾问 Sally，为长欣集团这家大型的光电子材料企业寻找首席财务官（Chief Finance Officer，CFO），并且协助公司在一年半后上市。Sally 可是费尽了心血。经过细致的市场搜索和人才评估，她终于从五十多位候选人中挑选出了三位，而其中一位国际化背景的候选人 Alan 最有竞争力。

Alan 的教育背景散发着一道道诱人的光环：本科毕业于上海交通大学，硕士毕业于美国福特汉姆大学，还拥有芝加哥大学的 MBA 学位，学的是金融和财务专业。他的职业生涯更是多姿多彩：从英特尔公司的工程师，到摩根士丹利亚洲区的投资顾问，再到一家互联网公司的 CFO。唯一比较让人担心的是，在最近的三家公司中，Alan 工作的时间都不到两年。

“近几年频繁跳槽的原因是什么？”Sally 曾经问过 Alan，“你为什么愿意去长欣集团这家国企呢？”

“公司的战略调整我不太认可。”Alan 坦言，“今后，我希望成为一位资深的财务和投资顾问，帮助更多的中国企业走向海外：拟订发展战略，引进国际投资人，实施并购融资……因此，我需要不同行业的实战经验。长欣集团正在进行股份制改造，它的规模大、复杂性强，这份经历正是我需要的。”

在经过了两轮客户面试，并且在三位高层一致认可的情况下，Alan 将要去长欣集团上任。Sally 的心里还是有点儿不踏实，在 Alan 临行前，又和他见面深谈了一次：“Alan，这家企业的地方比较偏，而且国企氛围比较浓，你确信自己能适应吗？”

“没问题，坚持一年帮着长欣集团上市还是可以的。”Alan 信心满满地说。

“怎么那么自信啊？”Sally 笑着问。

“我最近三年已经帮助一家民营企业完成了并购，协助两家企业完成了股份制改造和融资。”Alan 潇洒地挥了挥手说，“国内企业中的问题，我并不陌生。”

两周过去了，Sally 打电话询问 Alan 的近况，电话那边传来惊喜的声音：“很顺利，长欣集团的业务结构不错，我正在全力梳理，或许用不了一年就能上市了。”

一个半月过去了……某一天，Sally 突然接到 Alan 的电话：“Sally，我从长欣集团辞职了。”电话的那一端语气平淡。

“啊？什么！为什么呀？”Sally 大吃一惊。

“我受不了的是，他们除了工作时间，还要侵占我的私人时间！”Alan 继续愤怒地说道，“下了班，韩总经常让我跟他们几个领导一起吃饭，说是要建立领导班子的感情。我推了几次没去，后来几个副总经理就在工作中阴阳怪气的，我问他们要一些业务数据，他们不是说没有，就是一拖一个星期没音信！可笑至极！！是他们急着上市，又不是我。我哪有时间陪他们耗下去呀！”

听 Alan 说到这里，Sally 的脑海中想起了自己去长欣集团谈项目的一幕场景：总经理韩总是一位淳朴、热情，很有责任感的企业家。在开会期间，韩总办公室的门被敲开了三四次，下属有大事、小事都会请示，其中居然有一位老员工是来求情，为了让儿子早点儿能顶替他来上班。

“其实，长欣集团上市这件事情本身不难，难的是怎么在他们这个国企味道很浓的团队里生存。”Alan 坦率地说，“一开始我是挺有信心的，可是后来在他们‘非暴力不合作’的状态下，我的心里越来越没底。”

在随后的半年中，与 Alan 类似的遭遇又接连发生在两位候选人身上。好在其中一位候选人卸下了 CFO 的角色，以外聘财务顾问的身份每月去长欣集团两次，终于好事多磨、协助长欣集团成功上市。

【小唐飞刀】

Alan 完全没融入长欣集团的工作环境，在狭小的环境中生存，斗争必然惨烈。“非我族类，其心必异”，这种认知比比皆是。当然不只是 Alan，很多人面对这种情况都会对自己拷问：“我要的是什么？”成长型企业有诸多不理性，在很多情况下都是人治，并且个人的行为都是透明化的，无处躲藏，可谓工作和生活交织在一起（Work Life Integration）。没有职位权力（Position Power），只有非权力影响力，做事大多依靠的是个人魅力，所以搞定一件事情的前提是搞定人，即人的情感。

【宇红心语】

职业经理人的光环往往能在一瞬间击中人心，他们拥有亮丽的教育背景和硕果累累的职业经历。于是企业家在欣喜之余便顺理成章地认为，这株苗也能在自家田里生根开花。职业经理人也信心满满地推测，这将是自己职业生涯中的又一个里程碑。

然而，进入一家企业，尤其是一个历史悠久、关系复杂的大型企业，无论它如何变革、如何创新，都犹如一座巨大的“冰山”。我们在表面看到的是专业技能、工作目标，但在水面以下的暗流中，包含着巨大的文化差异、复杂的人情世故和错综复杂的利益关系，所以职业经理人需要具备充足的心理准备、强大的适应性和沟通能力。如果认为仅靠“专业能力”就能搞定一切，那只是一个单纯的职业经理人。

如果能够探到水面以下，洞察暗流、顺势而为，就有希望推动冰山，甚至融化冰山，成为一个能办成大事、搞定难事的职业经理人。

【你的感悟】

信任感

一叶蔽目

瑞祥是国内一家知名的电子设备制造企业，几年前向“视频监控”方向转型，号称比肩业内的海康威视和大华集团。瑞祥聘请了一位刘副总裁（以下简称刘总），业务能力非常强，帮助公司的视频业务增长十倍。虽然这一业务的原始基数不高，但此增速的确令人赞叹。

从全局来看，瑞祥目前的主营业务不在视频这个方向，“视频监控”只是主营业务的有益补充。然而，刘总认为自己为公司立下了汗马功劳，应该获得足够的认可和回报。在一次高管会议上，刘总表达了自己对视频业务发展方向的见解，既有真知灼见，也很犀利。然而，老板认为刘总只是从部门利益出发，并没有考虑到企业的整体诉求。事后，在管理层复盘时，老板指出，公司只是希望通过视频领域的突破，带动企业的整体市值，并且希望吸引市场的关注度。

在随后的一段时间里，刘总不断据理力争，希望获得更多的资源，把视频业务继续做大，甚至发展成为独立核算的事业部。然而，老板越发忧虑，最后认为这件事不能由刘总来操刀，因为他缺乏大局观。老板心中的大局观就是，视频业务虽然发展得很好，但也只占主营业务收入的1/10。在公司总体的发展战略里，视频业务要与主营业务实现良性的互动，在未来更好地策划主营业务。

然而，对于老板的战略意图，刘总并不认同。在双方各自僵持不下的一次次争论中，老板对刘总越发提防，怕他拥兵自重，双方的心理契约从“信任有加”变为“猜忌不断”。在某一次重要的战略决策会议上，刘总气急败坏地说：“视频业务如果不是我来做，谁能做好？”老板也一时冲动，脱口而出：“谁做都可以，无论好坏，都不能是你……”

【小唐飞刀】

人间悲剧每天都在上演，这不会是最后一出。任何事情的对与错，黑与白，真与假都没有绝对的，放在一个特定的时空维度内、放在一个拉长的周期内，结论可能会截然不同。这种幻灭感，既是创业经理人所追寻的魅力所在，也正是宿命所在。

【宇红心语】

你是在为谁耕种一亩三分地？

你在田里累死累活，也要抬头问问主人。

这一亩田地是为了生计，还是为了“打牙祭”？

当刘总感到委屈、愤懑，指责老板忘恩负义时，也请自我反省一下：总体目标与局部利益如何权衡？最终决策谁说了算？最后的责任谁来担？我如何摆正自己的位置？

付出苦力，也享有功劳，除了多干，更要多想一想。

【你的感悟】

信任感

豪华的创业生涯

去年，博蕴集团的“胶原蛋白”板块上市，在大健康行业的概念下，股价一路稳稳地增长，董事长王宇辉（以下简称王董）非常欣慰。由于公司总部在重庆，而北上广的大健康产业，无论从研发还是产业政策上都很有优势。于是，王董果断地在北京和广州建立了两家分公司，尤其是北京分公司，聘请了一位资深的外企销售副总 Steven，他的年薪是 120 万元。

在筹建北京分公司的时候，Steven 完全按照一流外企的范儿，墙上挂着精致的装饰画，茶水间里摆着豪华的咖啡机和一个巨大的冰箱，一拉开门，看到了各色琳琅满目的冷饮。Steven 平时出差坐商务舱、住的是四星级酒店，还招来了自己原来的老部下，给的薪酬也不低。眼看着公司的支出线陡然上升，但收入线一直尴尬地下滑，偶有一小段上扬。

半年下来，北京分公司的销售业绩没什么突破，但装修、差旅、人员等费用已经花了八百多万元。开季度经营会议时，从公司总部杀来几位核心高管，他们露出一副声讨 Steven 的气势。

在开会前，财务和人事顾问 Monica 提醒道：“Steven，咱们得控制一下成本了。”Monica 既是从总部派来支持北京分公司的员工，也是 Steven 多年相识的朋友。看着这位新老板花钱如流水，她有些担心。

“开拓市场在前期就是要多投入一些预算的。”Steven 不以为然。

“Steven，总部的老总们上次来北京分公司，你知道他们下了高铁是怎么来公司的？”Monica 问道。

“行政安排的，我哪里知道！”Steven 有点儿不耐烦，以前他在外企负责全国的销售业务，别说出差坐商务舱、住四星级酒店，就连到美国总部出差都是这样的标准。博蕴集团居然总拿这点儿小事叨唠……

“王董他们是坐地铁到公司来的。”看着 Steven 一脸愕然的样子，Monica 淡然地说道，“博蕴集团最初是从医疗器材起家的，刚开始一分一分赚得可不容易。”

除了成本意识，Steven 和总部管理者的沟通方式也迥然不同。

“我给总部发了邮件，他们应该在 24 小时内主动回复。总是没有人回复我，什么素质！”Steven 大发雷霆。

“总部那里的沟通方式主要是微信和电话，回邮件一般没那么快。”Monica 解释道，“Steven，你能否改为多渠道沟通，在发重要邮件之后打电话或发微信确认一下。你也可以在每个邮件后面写清楚，请最晚什么时候回复，否则会影响……”

在第四季度某一次的经营分析会上，集团的 CFO 提出，北京分公司半年来，经营和管理费用花费近 1 000 万元，但销售业绩只达标了 30%。Steven 一方面抱怨总部的支持力度不够，一方面责备原来的销售团队职业化素质太低。会后，王董语重心长地对 Steven 说：“即使是金子，若没有阳光照着，也不会发光。Steven，你今后还是多花些时间和各个部门耐心沟通，看看如何在现有的资源下提升业绩吧。”

在随后的两个月中，Steven 还是忍不住会抱怨：“公司的各种资源都跟不上，哪像我们原来的公司……” Monica 苦笑道：“博蕴集团的人员素质和资源哪能跟你们大外企比啊。”她直爽地问道：“Steven，请你好好琢磨一下，你在上一家公司的辉煌业绩，有多少来自自己的实力？有多少是由于公司的品牌？”

“坦率地说，60%是由于企业的行业权威，40%吧，算是我个人的努力。” Steven 说得倒还坦诚，“因此，现在的销售打不开局面，也不能全怪我……”

又过了半年，由于北京分公司的业绩不佳，董事会解除了 Steven 的职务，连年底的岗位津贴也没发给他。Steven 一开始要索赔，但 Monica 劝慰道：“Steven，你花了一年的时间，在自己的职业生涯上加了‘总经理’这段经历，但公司为此亏了七百多万元，欠你的这点儿津贴你还在意吗？就当在业内交个朋友算了。”一番话入耳，Steven 的不满消减了不少，心中略有歉意。

离职时，Steven 又跟王董深谈了一次。随后，他平静地离开了博蕴集团。

【小唐飞刀】

一方面，这个 Monica 做事说话不恰当，Steven 浪费了公司的多少资源都是为了工作，总经理的头衔也是 Steven 凭本事获得的，这些与是否拿到津贴无关。如果因为这些就抹杀津贴，只能说 Monica 代表的企业毫无契约精神。建立信任的确是融入新环境的基础，但也要看清局面。虽说大情小事，但有些事情绝非小事。

另一方面，单纯地不看现实环境，只纠结于逻辑推演也是 Steven 身上的问题。每件事件不是非黑即白的，凡事混沌一点儿，平心而论，Steven 毕竟获得了职业上的成长。凡事不必追求完美，职业生涯也有人品守恒定律。

【宇红心语】

信任感来源于四大要素：诚信、动机、能力和成果。Steven 带着光环来到博蕴集团，靠的是过往的职业口碑和和多年的职业素养，也有现任公司王董对他的充分信任。Steven 似乎占据了天时地利人和，为何还以失败告终？我觉得，他缺乏以下三个方面的认知和能力。

第一，清晰的自我认知。在外企中的成就，靠的是组织优势还是个人能力？

第二，灵活的沟通能力。24 小时回复邮件、恪守最后期限、主动复盘，这些看似简单的职业化素质，在众多创业型企业中并不具备。因此，创业经理人要多方位沟通，除了专业，还需耐心和虚心。

第三，敏锐的文化感知力。光鲜的外企做派与淳朴的创业风格迥然不同，有人对此不太敏感，有人感知到了但不以为然，还有人特意创造一种“不同”……殊不知，你是得道多助，还是失道寡助，此时已有分别。

【你的感悟】

参考文献

[1] 道格拉斯·麦格雷戈. 企业的人性面[M]. 李宙，章雅倩，译. 长春：北方妇女儿童出版社，2017.

[2] 萨提亚·纳德拉. 刷新：重新发现商业与未来[M]. 陈召强，杨洋，译. 北京：中信出版社，2018.

[3] 史蒂芬·M. R. 柯维，丽贝尔·R. 梅丽尔. 信任的速度[M]. 王新鸿，译. 北京：中国青年出版社，2011.

[4] 罗伯特·西奥迪尼. 影响力[M]. 闾佳，译. 北京：中国人民大学出版社，2006.

[5] 亨利·克劳德. 他人的力量：如何寻求受益一生的人际关系[M]. 邹东，译. 北京：机械工业出版社，2017.

第四章

“一艺孤行”

本章围绕以下三个维度展开。

绝技：磨炼独特的核心优势

精进：终身学习、持续更新

重塑：打破固有的思维和行为模式

随后的八个案例展现出创业经理人“一艺孤行”的历程：既拥有“绝技”，又“不断精进”“重塑自我”……这些历程是艰辛的、美好的，并且是意义深远的。

绝技：飞翔人生

绝技：单刀赴会

精进：学渣的逆袭

精进：成为自己的产品经理

精进：登高望远，相邻假设

重塑：野蛮生长，你待如何

重塑：硅谷的“超级教练”

重塑：江老师和他的“兔王国”

作家约翰·拉斯金曾经控告艺术家雷克斯·惠斯勒，指责他绘制人像费时甚少，却收取超额费用。法官问惠斯勒：“你到底花了多少时间画这幅人像？”他答道：“十分钟，再加上一辈子的经验积累。”

绝技

企业成长和人的成长是一样的，都需要本质的“核心能力”。企业的核心能力体现在独特的产品和服务上，而创业经理人的核心能力就是自家的“独门绝技”——精湛的专业技能、新颖的原创能力、丰富的行业经验，或者洞察人心的感知力。

成长型企业的战略纵深比较小，虽然都在讲迭代、试错，但是留给它们的“容错空间”其实没有多大。因此，极度的专业性催生出极锐利的产品，这就成为成长型企业的突破口，在高科技行业也是如此。

产品有多种多样的维度，在成熟型企业中，产品与服务相对固化，需要的是准确地理解产品和服务，高效地展现和推销。成熟型企业更多需要的是一种“归纳性思维”，在海量经验中提炼最佳实践。然而，成长型企业则不同，需要的是“演绎式思维”。在细微的线索下不仅要推演出多条路径，还要快速选择一条“最优路径”。考虑到组织内外的各种不确定性因素，有时“最短路径”未必是“最优路径”。因此，在成长型企业中，不管你是从事销售、市场、技术，还是运营或后勤工作，最主要的思维方式就是去寻找一种锋利的产品、实现一种锋利的价值，能够在各方面条件都不太完备的情况下让用户买单。

硅谷著名的教练坎贝尔坚定地认为，创业者必须牢记伟大的产品才是成功的驱动力，其他方面都只是支持因素。如果没有卓越的产品，即使是全世界最优秀的营销手段也会变得毫无用处。也正是出于这个原因，他才会一直主张给工程师提供创意方面的“绝对自由”，他相信工程师是优秀产品的真正缔造者。

无论是创业经理人，还是职业经理人，从职业的角度来讲，都有非常细致的职业要求。例如，作为一名 CFO，不仅需要扎实的财务专业知识、丰富的集团财务管理经验，还要具备宏观的思维模式、高度的概括能力、敏锐的判断能力，以及灵活的沟通能力，从而能够自如地应对各方利益相关者。如果你不具备这些核心的技能和素质，而是去看那些所谓的心灵鸡汤、所谓的互联网思维、所谓的领导力等，意义都不大。无论你有怎样精妙的方法论，必须由专业能力和素质来支撑，并且一步一步达成组织目标，赢得专业声誉，才有可能在创业型企业中走得更远。

如今，组织的“纵向发展”越来越被新兴的“横向裂变”“阿米巴”所替代，越来越多的人都是 “最小化主义”奉行者。例如，U 盘化生存强调的是职业经理人具有一种独立自主、即插即用的工作方式。这种看似自主、灵活的工作方式，依靠的正是多年专注、勤奋的积累，在某一领域练就令人钦佩的“绝技”。

精进

“在任何领域中，下一个伟大的创意通常就出现在当前发展前沿以外的相邻区间，而这个区间包含了对现有想法的各种可能的新组合。关键是你必须站在某一领域的前沿，然后这种‘相邻可能’和它所包含的创新才会显现。”例如，两个山脚下的人无法分辨出面前的哪一座山峰更高，只有先爬上任意一座山的顶峰，才能“一览众山小”，清晰地做出判断，这就是相邻假设。

当你深入体验了一个“闭环”（如某一个专业领域），包括“闭环”中的关键要素、底层逻辑、潜在风险，能够在其中游刃有余地操作时，无论你今后进入哪一个领域，都能具备“相邻假设”的优势，如行业洞察力、商业敏感度、资源整合能力等。

创业型企业家的特点是什么？先抓机遇，再积累资源，最终实现“超常规成长”。这对创业经理人的专业能力和素质提出了新的挑战——先不分辨路径，迅速验证“相邻假设”才是关键法门。

例如在大数据建设领域中，按照传统逻辑，某项新技术“一招鲜吃遍天”。然而，在一个非确定性环境下，你需要驾驭十几款产品、四十几个场景之后，才能比较清晰地理解一个大数据建设的方法论，才可能看到业务的全貌，实现顶层设计。

未来的就业形势将会怎样？

有统计数字表明，美国中小型企业的平均寿命是 7 年，中国是 2.9 年。从理论上来说，一个人的职业生涯大概是 35 年，即使你在美国一直服务于中小型企业，你一生中有很大概率会换五六份工作。更何况按照当今社会发展的趋势（人均寿命的增长、社会福利的衰减），人们将在职场中耕耘得更久，而不是更短。

伦敦商学院为 MBA 学员开设了“百岁人生”这门课程，教授问大家：如果你们活到 100 岁，每月将大约 10%的收入存起来，并且希望退休后拿到最终薪金的一半，最早可以多大年龄退休？答案竟然是 80 岁！

在《百岁人生》这本书中，有一段发人深省的话：“如果你现在得在一个快速变化的就业市场上工作到七八十岁，那么要维持生产力，就不再是靠重温生疏的知识，而是要留出时间来重新学习和掌握新技能。”

可见，终身学习、持续精进，不仅是职业经理人的一种常态，也将成为一种必然。更何况，那些站在风口浪尖、不断引领行业和变革的创业经理人呢。

重塑

“打碎自己，重塑一个全新的我。”这是进入西点军校的第一天，新生们经过一系列严苛的考核后，听到的最惊心的一句话。在此之前，他们是何等的优秀，请看以下某年西点新生的一组数据。

录取率：报考 12 744 人，其中获推荐 4 308 人（国会议员亲笔推荐），最终录取 1 192 人，录取率为 9.35%。

在最终进入西点军校的 1 192 名新生中——

学术水平：高中成绩排名前 5 名的占 76%，排名前 10 名的占 18%；

领导力：班长或学生会主席有 200 人，体育运动队队长有 741 人；

体能：学校运动队选手有 1 054 人；

才干：担任校刊编辑的有 335 人……

四年后从西点军校毕业的人，无论从军、从商还是从政，都取得了不凡的业绩。

记得在 2014 年，在一家著名的高科技企业的高层会议上，一位高管谈到当时的互联网热潮，略带嘲讽地说："像阿里巴巴集团这样的互联网公司，没有创造任何价值，只是通过投机取巧的手段获得了大量财富，并不值得尊敬。"事后我反思了一下，这位高管的思维模式已然跟不上形势了。针对工业化、制造业来说，企业创造价值是一种逻辑，用它来套用互联网、新经济，就会有失偏颇。在新的价值判断下，企业的商业模式和职业经理人的素质模型都发生了巨大的变化。

如今的时代，

商业机遇稍纵即逝，

创业型企业野蛮生长，

技术创新快速迭代，

组织结构柔性如水……

在《就业的终结》一书中，作者泰勒·皮尔森总结了以下几大趋势：

全球化持续加速、全球教育水平不断提升，而大学文凭越来越贬值；

新技术的指数增长——数字化会席卷所有行业，区别只在于规模和速度。

于是，他得出了一个很具有挑战性的结论：我们已经进入了“创业时代”。到2020年，全球将涌现出十亿创业者。

未来人们能够赖以生存的、稳定的组织空间越来越小，你将主动或被动地去连接、创造和发明系统，这个系统可能是企业、人、构想或流程。由此看来，创业经理人将经历一次次重构和升级，来构建自己的“比较优势”，整合更丰富的人脉，以及不断拓展职业经历。

“比较优势”这一概念来自经济学，也可将其用于职业生涯。例如，阿杰在人工智能领域里奋斗了四年，拥有AI专业技能、经验、人脉和行业资源，甚至拥有方法论等。那么在这几年中，人工智能领域就是阿杰的“比较优势圈”。接下来，阿杰能否继续成长、成长速度如何、在哪个节点向外延展、向哪个方向创新突破，都是基于这个“比较优势圈”的爆发能量。

为什么创业经理人要锁定自己的“比较优势”，而不是“绝对优势”？从本质上来说，人们博弈的是五大资本：金融资本、技术资本、社会资本、人力资本和心理资本。在某一资本上拥有“绝对优势”既不太容易，也有较高的风险，但是一两个资本形成组合优势，相对容易，辗转腾挪的空间也比较大。

创业经理人是一个体系的制定者，是一个新业务的推动者，更是一个在非规范环境中快速成长的适应者。如此超高的要求，对于任何一个创业经理人来说，都是一段艰辛而持续的自我超越之旅。

绝 技

飞翔人生

在中国国际航空 MBA 的毕业典礼上，清扬笑得最灿烂，在 30 位学员中，年近 50 的他很享受这两年来学习的艰辛。

在艰辛中磨炼技艺、磨砺心性，这似乎一直是清扬的人生主旋律。

清扬 17 岁单飞，20 多岁担任飞行教员、荣获空军二等功，30 多岁成为西南地区一家航空公司的机长。清扬最初的飞行生涯犹如一道雨后的彩虹，明亮而顺滑。当第一次进京的机遇到来时，他有些犹豫。“不在于是否进京，而在于你想过怎样的人生。”朋友的一席话点醒了他，清扬立刻收拾行囊进京，在中国民用航空局的一家研究机构开始了平静的“单身生活”。查资料、做研究、写报告，少了遨游蓝天的潇洒，多了一份脚踏实地的思考。随后几年，他不仅推出了一系列有深度的行业分析报告，还坚持写了五六年“机长视野”专栏，最初写作的十余位机长，只剩下他一人笔耕不辍。

清扬的名声慢慢传播开来，珠三角地区的一家航空公司聘请他做副总裁，主管运行和安全。凭借一股创业的激情，清扬不仅重新飞上蓝天，担任波音 737/757/767/747 机型的机长，以及空客 320 机型的机长和教员，而且大刀阔斧地改革公司的运营体系。在培育飞行员队伍时，清扬一再强调飞行员就是企业家，在空中不仅掌管着价值数亿元的资产，担负着几百人的生命安全，还要考虑公司的经济运行。

“你如何定位自己，就会如何思考和行动”，清扬在工作中的主动性和责任感堪比公司的几位创业元老。正当他意气风发地拓展事业时，公司的股东结构出了状况，利益冲突和法律纠纷层出不穷。

无奈之下，清扬二度进京，在一家研究院担任总飞行师。此时，他一方面关注着行业的发展趋势，另一方面如饥似渴地学习国际民航在安全和技术方面的新知识。钻研篇幅长的英文资料，参加国际航空安全会议，考上中国国际航空 MBA 项目，陆续出版了《机长视野》《机长论道》等著作。在艰苦而快乐的学习生涯中，清扬“飞行专家”的光环上不断添加着新色彩。

华东地区的一家航空公司飞速发展、准备上市。为了把好“安全”这道命门，创始人与中国民用航空局反复沟通，“借调”清扬来掌管公司的飞行和安全。前两年，清扬专心在公司里，全力以赴地优化安全管理机制、打造飞行队伍和安全文化。后几年，清扬更辛苦了，既在中国民用航空局担任安全管理的工作，也没放下飞行任务。他每个周末的清晨奔到机场飞行，每年的飞行量都在 200 小时以上。一众副驾驶眼巴巴地等着与清扬搭班子、学技术。“看来，不分什么 60 后、70 后、90 后，只有奋斗后啊。”年轻人无比钦佩地对他说。

如今，五十多岁的清扬已经驾驶过十几种军、民用飞机，安全飞行 15000 小时了。每次见到他，我都会想起享誉全球的萨利机长：42 年的飞行经验，

19700 小时、一丝不苟地“高标准”飞行。2009 年，在空中“双发”（两台发动机）意外停火时，他沉着地驾驶飞机降落在哈德逊河面，挽救了 155 人的生命。

“我把驾驶飞机当作一门艺术，不断地精雕细刻。”两位机长虽然经历不同，但拥有一样专注而纯净的飞翔人生。

【小唐飞刀】

一次偶然的机会，我和前国脚郝海东一起聊天，一起调侃在几次大赛中国足的表现。他没有分析所谓的战术、紧张、拼劲儿等因素，而是强调了一点：专业能力。他调侃道，那些所谓近在咫尺被浪费的机会，如果换成我这样的普通球迷，根本就跑不到位，连浪费的资格都没有。专业技能保障的是下限，专业能力不到位，任何战略、战术都无法实施。因此，彭蕾选人的第一条原则就是：“你得有两把刷子……”

【宇红心语】

在心理资本中，“自信”是人们对自己能够完成某一特定任务的可能性的估计，它是极其重要的一块基石。自信度低的人，即使面对一件不那么难的任务，也会畏首畏尾。然而，自信度高的人，即使面对“不可能完成的任务”，也估计有一定的把握、竭尽全力去实现。记得《碟中谍》中那句著名的台词吗？“We can do it！”（我们能行！）

案例中的清扬机长，无论面对机遇还是困境，他都心无旁骛，专注地磨炼技能、积累经验、扩展视野。外人看似艰辛、枯燥，他却享受平静、自得其乐。

【你的感悟】

绝技

单刀赴会

广州“恒大”历史上有很多外援，穆里奇无疑是最成功的外援之一。穆里奇依靠闪电般的速度、娴熟的球技经常上演单骑闯关的好戏，在他效力“恒大”的几年时间里，拿遍了中超冠军、亚冠冠军，个人荣誉无数。然而，就是这样一名在国内建功立业的“显赫球星”，当年在巴西的身价也不过是月薪 6000 美元而已，甚至连顶级联赛都踢不上主力。放眼中超，包括“恒大”后来的外援，其名气、地位比穆里奇高的比比皆是，能取得这么多荣誉的球员却凤毛麟角。

我观察到一个有趣的现象，很多大牌选手甚至顶级球队的球星，来到中超反而不能充分发挥，如“恒大”后来的迪亚曼迪、吉拉迪诺，以及江苏“苏宁”的拉米雷斯等。这些球员有一个普遍的特点，战术素养极高，在高水平的体系内游刃有余，而在“中国体系”中就比较尴尬，独木不成林。在中超里，大红大紫的外籍球员大多数“单干能力”超强，有没有体系无所谓，自己“一条龙”全部能搞定。

我之前有一位同事老丁，在一家大外企做医疗行业咨询。他关注的是临床药剂的配比、物流和疗效之间的关系，这是一个相对小众的领域。因此，他虽然多年深度钻研此领域，独立完成了不少咨询项目，但不过是一个行业专家而已。然而，他的领导蔡老管理了多个业务及产品线，承担了大部分与总部，以及相关部门的沟通协调工作。蔡老做人八面玲珑、温润如玉，深得上司赏识，因此仕途扶摇直上。然而，随着时间的推移，产业发生了巨大的变化，这家外企退出了中国市场，老丁顺势成立了自己的公司，依然深度服务于医疗咨询行业。而蔡老辗转了多个公司都不太顺利，最后到了老丁麾下，辅佐老丁把企业做大。

【小唐飞刀】

创业经理人在成熟型企业中拥有的大多是流程化、体系化的技艺，虽然在单一环节可以做到极致、碾压同侪，但高度依赖环境和资源，一旦离开系统，便独木不成林。

然而，在成长型企业中，创业经理人需要的更多是“闭环交付”的能力，不一定在每个环节上都尽善尽美，但是要拼力做成。创业经理人可能没达到预期的结果，但至少要有努力的痕迹、终极的反馈，不求最好但求做成。因此，不同环境对“艺”的需求差别会导致创业经理人的发挥有天壤之别。

【宇红心语】

在成熟型企业中待久了，我们容易在“光环效应”下迷失自我。试着问自己以下几个问题，或许今后能更好地适应不同的情境。

我的“辉煌业绩”全都来自“我的能力”吗？

我的“专业能力和素质”究竟有几分？

我的“支持系统”有哪些是可迁移的？

我在不同组织中胜出的核心竞争力是什么？

【你的感悟】

精进

学渣的逆袭

小T毕业于一所不知名的院校，从工作开始就有一种自卑感。他最开始的工作是F公司的一名售前工程师，主要工作是把成熟产品的优缺点、使用情况搞清楚，呈现给客户就可以了。对于一所不知名院校毕业的年轻人来讲，这个也算是一个不大不小的挑战了。小T逐渐发现，只要花足够多的时间，这种基本技能很容易练成，在一定时段内混口饭吃完全没问题。

接触客户一段时间后，小T发现，如果能够摸清用户的想法，把多款产品进行一定程度的组合，再结合用户对自己本行业的特定需求，就能大幅度提升客户的满意度，也能更好地推广自己的产品。因此，小T时刻留意去学习探寻和提炼客户的需求。当然，这个过程是非常痛苦的，也是很漫长的。

当小T能够很好地掌握客户的需求时，他发现自己的职业角色发生了变化，公司也在让小T从一名工程师转型成为行业解决方案的专家。当小T成为一名行业专家的时候，他发现仅依靠之前的两项技能，虽然能够维持眼前的工作，但完全不能从行业的角度把客户需求从单点连接成一片。因此，他又学习了产业的整个发展趋势，以及自己所面对的特定行业的现状。通过长时间的钻研，他终于成为一个行业的咨询专家。

成为咨询专家之后，小T忽然意识到，自己很难跟所谓的高层领导进行感情上的交流，他也不喜欢去发展人际关系。然而，与不同人深入沟通、影响他人，是做管理者必须具备的能力。因此，小T开始去读管理类的书籍，又利用业余时间去高校攻读工商管理专业。通过自身的努力，他在管理技巧及专业技能上又提升了一个台阶。

这时，F企业面临了历史上经营最严峻的时刻：开始大规模裁员。小T已经三十岁了，很多和他同龄的工程师、客户经理、咨询顾问由于技能单一，在企业的动荡之中都很不适应。然而，小T多年在专业和管理方面的持续精进，正好借这个契机上了一个台阶，成为另外一家初创企业的合伙人。成为企业的合伙人后，小T发现成长型企业的管理和成熟型企业的管理有着巨大的区别，从业务、技术、财务到人力资源，几乎样样他都要懂一些，甚至是亲自上手。自己既是尖刀班，又是后援团。

在倾尽全力后，小T发现自己在业务上的视角过于狭窄，还不能够站在行业的最顶端带领团队坐稳"产业领军者"的地位。于是，小T又争取机会，加入了同类型国际上最顶尖的企业进行二次修炼。小T从一个草根，沿着一个个"断点"孤独而执着地行走。在行动中精进技艺，用技艺指引实践，不断接受新挑战，不断考虑新机会，保持着工作的新鲜感和技能的延展性。

在每一个城市里，每天都有成千上万个小T在孤独前行：他们既没有高贵的出身，也没有显赫的财富，却凭借着"微小而持续的进步"，在各自的领域中“一枝独秀”。

【小唐飞刀】

“艺”对于不同的人、不同的阶段含义不一样。师傅经常批评徒弟学艺不精，这个“艺”说的是某个环节的技艺、技法。企业家有时候会埋怨经理人“不接地气”，这个“地气”指的是独立的“闭环交付”能力。我看过很多在企业中身居高位的领导者，面对重大项目的时候，依然能够亲力亲为，既能够制定宏观的战略战术，也能在三五百页的标书中发现文字的错误。

就像《艺伎的故事》这本书所提到的那样，艺伎既没有高贵的出身，也没有显赫的财富，却凭借着独特的魅力成为各自领域的一枝独秀，以她们的温顺、优雅展开秘而不宣的征服。

【宇红心语】

小T巧妙地将“自卑感”转化为持续精进的动力。拥有“自卑感”的人，大抵会沿着以下两种路径发展。

一种人，常常有着“我不好”“我不如别人”的想法，放大别人的负面反馈，产生认知扭曲。时间久了，他的“自我价值感”严重受损，无论外在表现如何出色，内在心理总是笼罩着一片阴影。

另一种人，内心分清了“我”和“我的行为”——不是我不好，而是我做得还不够好。于是，他会积极寻求各种资源来弥补自身的不足，以一种主动快乐的方式来“自我完善”“自我超越”。

【你的感悟】

精进

成为自己的产品经理

有一次，我招聘一位“ERP 解决方案”的顾问，其中的一位应聘者是一家大企业的 ERP 专家 Cindy。她在那家公司做了七年的运营，专业效能很高，一个季度能处理七百多条工单。我对 Cindy 的专业背景很感兴趣，进一步问她：ERP 前后的工单流程是怎样的？如何系统性地提升运营流程？如果作为一位资深的 ERP 顾问，你对现有系统有什么改进建议？你如何整合资源去实现它？

刚才滔滔不绝的 Cindy 立刻哑口无言。原来，她只熟悉 ERP 在特定场景中的某一个环节，稍微扩展一些她就说不清楚了。Cindy 的一切思维都围绕这个精准的点，但是她缺乏结构化的产品能力，将 ERP 业务的点、线、面，形成一个闭环，应用到更多的场景中。遗憾的是，我只能淘汰 Cindy 了。我知道，在我们这家高速成长的创业公司里，她这颗“精致的螺丝钉”很难生存下来，我们需要的是多功能“改锥”，能冲入很多场景去独立解决问题。

由此想到之前和一位猎头顾问的对话。他问我：“你知道当年宝洁公司的很多产品经理去了哪里？”这家快速消费品公司的很多产品经理居然去了百度、阿里巴巴集团和腾讯等公司，担任一个业务部门的老总，或者干脆自己创业了，大多数发展得还不错。虽然行业跨度很大，但是他们具备的产品思维具有很强的“迁移性”。

【小唐飞刀】

“艺”是一个过程，是在时间维度中的修炼。人人都想精进，但是精进之前的阶段是忍辱。当然，此处的忍辱并非单指字面的意思，更多的还是克服自身的各种不适、持续精进。做螺丝钉有做螺丝钉的好处，做改锥有做改锥的难处，相互助力、彼此赋能都是忍辱与精进的过程。“艺”就是在这个过程中铸就，也在这个过程中彰显。

【宇红心语】

何为产品思维——为什么要开发这个产品？我们的客户画像是什么样子的？我们产品的核心优势是什么？我们的工作环节的上下游伙伴是谁？我们部门创造的核心价值是什么？

把自己从一个具体的“功能”变成一个独立的“产品”。前者只是组织中的一个螺丝钉，虽然专业，但随时可以被替代；而后者可感知，具有独特的价值，既不容易被替代，也可以灵活配置，从而大大地增强了职业生涯中的含金量。

【你的感悟】

精进

登高望远，相邻假设

有些人爬一座山，爬到一小段，觉得风景不佳，失望而归。

再爬一座山，忽降小雨、山路泥泞，摇摇头，匆匆下山。

又爬了一座山，走了一段，看见山坳中繁花似锦，忙着又走下山去……

在职场上这些人是很常见的。我以前有一个下属阿冲，名牌大学毕业、头脑灵活、学习能力很强。他的第一份工作是呼叫中心的“内部销售员”，朝九晚五，自由度也不高。阿冲认为只有自由度更高，并且能获得更大财富的机会才是他所追求的。于是，他毅然辞职，谋求了一个软件销售的岗位。相对于固态的硬件销售，软件销售具有更高的技术要求和不确定性。阿冲在软件销售的岗位上只尝试了很短的时间，认定硬件销售更能够发挥他的长处，因为硬件销售的回旋余地大、项目体量也更大。于是，阿冲又换了一家公司做硬件销售，没两个月，他认为自己的主管领导过度追求单点的竞争，缺乏全局观念，然后又跳到了一家互联网公司……在这之后，阿冲又去了一家创业公司。最终，他无奈地发现，各家公司皆有不同的“问题”。

自己当老板吧，为了更多的自由和更大的理想！阿冲自立门户之后才发现，创业需要高度综合的能力和素质，对技术、销售、行业市场等各个方面都要有扎实的积累。从阿冲长年“蜻蜓点水”般的跳跃来看，他不仅没有深入了解任何一门技术，也没有在某一个领域中积累扎实的资源。阿冲回首自己在不同职业阶段中的同事，有的成为某领域高阶的技术专家，有的成为软件销售业的权威人士，有的在硬件领域中参与了一系列顶尖的大项目，已经获得财富自由，而自己……

写到这里，我不由得想起了另一位朋友 Leo。

Leo 在一家知名的国际 IT 公司奋斗了 14 年，身边的同事走了一批又一批，老板也换了好几任。他耐住了一次次离职的冲动，终于从一个愣头儿青般的销售，成长为一名中层管理者，直至升到事业部的最高管理层，带领一个近 300 人的团队。无可奈何的是，在国内外政策形势的变动下，这个事业部的业务几经调整、逐渐萎缩，最终不得不关闭。Leo 感慨道：“我坚持到最后一刻，送走了最后一个员工。”

“这 14 年的坚持，对你意味着什么？”我问 Leo。

“我对这个业务领域的本质和全局有了一个非常深刻的理解——这个领域是以资源为主的，而不是以技术、创新为主的。”

“这对你后来的创业有什么帮助？”我继续问。

“当我进入一家成长型企业时，就能从行业生态的角度清晰地定位我们公司的位置。虽然我们的技术有一定优势，但是缺乏足够的政府资源，只能作为小场景中的优质连接者，而无法成为行业操盘者。如果没有过去十几年的行业视野，我们就会不自量力地前进。这样做不仅会损失大笔资金，还会贻误战机。”Leo 说道。

【小唐飞刀】

“复利效应”不仅体现在理财上，也体现在职场资本的积累上。在任何领域中，行业顶尖高手都是最专注、最用心、持续增值的那些人。开 5 000 家咖啡馆、广种薄收的 Peter 王，和开一家寿司店、精耕细作的小野二郎，在某种程度上是有共鸣的。当下是越来越细分的长尾市场，中等规模、个性化取代了工业时代的大规模同质化。除非有极高的认知和判断水平，否则爬上眼前最有可能的山峰，再寻找下一步的出路是相对机会成本最低的选择，“相邻假设”在这个时代更有实际意义。

【宇红心语】

我在北京大学国家发展研究院给 MBA 学员做职业生涯辅导时，常有学生问：我如何判断这个机遇是不是够好？我如何能抓住“最好的机遇”？

我笑着回答：“有人进入宝山空手而归，有人在垃圾堆里还能寻到宝物。能抓住哪个机遇，取决于你自己。能获得多少，更取决于你自己。”只要你足够用心、努力，每一次都是“最好的机遇”，也会时常撞见“更好的机遇”。在职业生涯中，先全力勾勒好“T”字的那一竖，再挥洒那一横吧。

【你的感悟】

重塑

野蛮生长，你待如何

创业型企业大多处于“野蛮生长”的状态，野蛮到什么程度、如何灵活应对，请看下面两个场景。

我曾去一家人工智能企业担任首席运营官，想建立清晰而高效的运营系统，其中最简单的一个管理动作就是“开例会”。结果我发现不仅人员出席率低，而且参与者的专注度也不高。我失望之余问了伙伴们，原来常有一些项目上的突发情况，技术和销售团队都会火速赶到客户那里，在第一时间帮客户解决问题。因为公司处于早期“编故事”的阶段，在B轮融资之前要大量开发应用场景，所以大家各尽所能，对各个应用场景“饱和攻击”：要么飞速提交、持续迭代方案，要么贴身紧逼、设计定制化方案，要么与客户联合研发、尝试新产品……

后来，我们的例会虽然坚持下来了，但是例会时间从没“固定过”，而是灵活地“跳动着”。有时是周日一清早，有时是深夜一点多。

当我进入互联网A公司时，一位工作伙伴宋阳与我前后脚加入A公司。他是从某国际知名的电信企业来的，拥有11年的管理经验。加入A公司后，宋阳的工作状态总是很低迷。A公司在云市场的目标是三年做到800亿元，而公司去年的云业务只有200亿元的规模。云业务的老板在开会时经常讲，我们需要的是勇气和决心，调结构、促增长，在跑步中升级，而不是等一切就绪后再起跑。

宋阳在会后常常感到惊诧，抱怨道："上周一才在会上群策群力，提出了新的产品策略和突破方向。一转身，这才周二，老板就问，'数儿进来了吗'？这不是开玩笑嘛！战略落地、人员搭建、资源整合都需要时间，哪有这么神速？！"没办法，这就是互联网企业野蛮生长的节奏，不合逻辑，但确实存在。

【小唐飞刀】

职业经理人擅长运营增效，硬桥硬马步步为营，来源于对技艺的忠实和对未知的无感。

成长型企业强调的是战略突破、剑走偏锋、打破固有价值网，这种做法来源于实力和资源的不足。在企业高速成长的阶段，哪怕只有一个方面的突破都能带来几何级数的增长。因此，"野蛮生长"就意味着不断解构、不断重构。

【宇红心语】

有经验的创业型企业需要的是二流的人才，一流的学习能力，超一流的拼搏精神。从成熟型企业、优秀型企业成长起来的职业经理人，他们的能力和经验仿佛一根“金手指”精致而脆弱，在创业型企业不成章法、野蛮生长的环境下，“金手指”太容易折断了。既然职业经理人要下决心创业了，还是脱下西装、换上牛仔服，打磨出一双勤劳、务实的手吧，它看似粗糙，实则灵巧无比。

【你的感悟】

重塑

硅谷的“超级教练”

有这样一位神奇而低调的教练，他打破了固有价值网。从苹果公司的创始人史蒂夫·乔布斯、Alphabet 公司（谷歌母公司）的 CEO 埃里克·施密特、亚马逊公司的 CEO 杰夫·贝佐斯，到 Facebook 的 CEO 马克·扎克伯格、首席运营官雪莉·桑德伯格，以及 YouTube 的 CEO 查德·赫利，这些企业的领军人物都对他有很高的评价。

施密特曾对媒体说：“在整个行业中，没有人像他那样有这么大的影响力。对我、对谷歌公司、对硅谷众多的科技企业的创业来说，他都是不可或缺的导师。”

贝佐斯提及他时，感慨道：他安慰了那么多人，他的智慧和温暖会被我们永远记住。

这位被誉为硅谷最受人尊崇的“超级教练”——比尔·坎贝尔，凭借其敏锐的洞察力和高超的沟通力，不仅帮助硅谷众多的科技企业快速发展、成功转型，而且更赢得了一众科技牛人的心。

在坎贝尔职业生涯的前五年，他在哥伦比亚大学当橄榄球队的教练。在残酷的体育竞争中，只关注短期目标，让坎贝尔充满温情的育人理念很难发挥出来。坎贝尔黯然离开体育圈，转型进入商业领域。

坎贝尔凭借出色的营销才华被柯达公司看中，随后又被约翰·斯卡利（苹果公司第三任 CEO）聘请为营销副总裁。在美国第 18 届“超级碗”橄榄球大赛期间，坎贝尔力排众议，播出了著名的苹果“1984”广告。这个广告不仅让 Mac 电脑闪亮登场，还树立了苹果公司叛逆不羁的品牌形象。随后，坎贝尔在财务软件公司财捷集团担任 CEO，并且担任苹果公司的董事达 17 年之久。

关注人、连接人、培育人是坎贝尔最擅长的技能，也是硅谷科技公司中最欠缺的方面。“在这个工资和社交能力成反比的技术世界里，坎贝尔正是那个教导公司的创始人们从电脑屏幕前抬起头来的人。”《纽约客》杂志这样评价他：在某种程度上，他重塑了硅谷文化。坎贝尔为人坦荡、热诚，他不仅能点燃人们对工作和创新的激情，而且善于激发组织中核心团队的凝聚力。

坎贝尔开发的员工评价体系，并不只是关注短期的绩效，而是从人才培养的角度均衡考虑四个方面：业绩、管理技巧、创新能力，以及与同事的合作关系。

在坎贝尔曾经任职的每一家公司里，他都非常注重消除产品经理和工程师之间的紧张情绪，倾力打造一个彼此倾听、相互尊重和信任的企业文化。在这样的文化中，产品经理清楚在选择解决方案时，工程师处在最核心的位置上。然而，工程师也深知，产品经理是领导实现创新目标的最佳人员。

坎贝尔在指导一位 CEO 关闭企业时，提醒道：“此时，你最需要关照的不是投资人，而是员工，你应该和他们在一起，让每个人体面地离开公司。”此外，在坎贝尔的强烈建议下，谷歌公司开除了盛气凌人的安卓系统创始人安迪·鲁宾，因为这位技术牛人自以为是、任人唯亲，严重影响了公司的协作氛围。

在苹果公司的董事会当年驱逐 CEO 乔布斯时，坎贝尔是唯一一个力图挽留他的董事。然而，在 2011 年，这是乔布斯生命的最后一年，坎贝尔与他一起搬到加利福尼亚州的帕罗奥多居住，陪伴好友度过了生命的最后时光。

坎贝尔在为硅谷众多的科技企业提供咨询时，常常分文不收。他说，我只是想回报这片科技热土所给予我的一切，更好地发扬硅谷的创业精神。

【小唐飞刀】

最难的重塑是重塑自我。每个人都有逃不脱的宿命，归因不清的时候往往会归因于罪。除了一小部分自然禀赋极高的超级个体，如案例中提到坎贝尔之类的人物，能够依靠自我觉察调整自我，调整能量场，进而影响周围的商业世界。普通人大多需要经历过才有体感，仅靠观察和学习是难以达到目的的，所谓“吃一堑，长一智”就是这个道理。

成长型企业中的创业经理人比成熟型企业中的创业经理人经历了更多的“折腾”，很多外在的问题在特定的时空范围内都解决不了，所以重塑自我就成为一种常规动作。在最不自在的地方找到自在，是一种难得的“自在状态”。

【宇红心语】

活出自己的真实、心存善意，才能看见他人心中的美好。

在硅谷浓厚的科技与创新氛围中，在一众自我驱动、桀骜不驯的技术天才中，坎贝尔不仅重构了自己的职业生涯，而且重构了许多企业的组织文化。他“不会敲一行代码”，却凭借敏锐的洞察力、灵活的沟通力，宽厚而坦诚的人格魅力，激发了众多创业型企业家，培育了一批创业经理人，他们既有商业洞察力，也深谙人性感染力。

在冷冷的硬科技中，暖暖的人性尤为可贵。

在奋力做事之际，修炼状态更为关键。

【你的感悟】

重塑

江老师和他的“兔王国”

清晨六点半，当曾涵天到办公室门口时，发现玻璃门前已经来了两位更早的客人。

“您好，我叫江源，咱们昨天通过电话。”个子瘦小的男士简短地做了自我介绍，同时指了指身边的女士，“这是我太太王秀萍。我想请贵公司帮我们找两位高管。”原来，江源夫妻俩在成都雅安从事了近20年的兔子养殖业，想聘请两位高管，一位负责全国的市场营销，一位负责技术服务。

“江总，你们公司目前的规模如何？这两位高管的年薪大约是多少？”涵天直接问道。

“我们旭荣公司现在有八百多人，一年的销售额有九千多万元。两位高管的年薪大概是30万元吧！”江源紧接着补充说道，“和我的薪酬差不多。”

“我们从事的兔子养殖这个行业的利润并不高。”王秀萍轻声地补充道。

涵天简短地说：“那或许我们的咨询费有点儿高。我们招聘每一个职位的最低收费是2.8万美元，也就是20万元人民币。”

“这么贵！我还以为撑死了就2万元呢。”江源非常吃惊。

涵天笑了笑，岔开了价格这个话题，问道：“江总，您当初为什么从事这个行业呢？”

“我们当地很穷。我从 14 岁起就琢磨着养兔子，后来四处学习，弄出了一些名堂。我想让农民通过养兔子，体面地赚钱，有尊严地生活……”

涵天的心头一热，随声附和说道：“让农民体面地赚钱，有尊严地生活。”他望着江源黑瘦的面容，继续问：“江总，您怎么就从养兔子发展起这么庞大的养殖产业了呢？”

“江老师因为养兔子出了名，所以很多人都去学艺。慢慢地，他就开设了养殖培训班。”王秀萍快人快语，“我也是江老师的学生呢。这 20 年来，我们培训学校培养了五十多万农户，西北和西南地区的学生都有，很多学生都靠养兔子脱贫致富了。”

“坚持了 20 年，好大的功德！”涵天赞叹道。

“后来，我们发现农民养出来的兔子没地方卖，就和当地的一位企业家商量，由他出资，开办了兔肉加工厂、兔毛加工厂。后来，农户反映兔子的存活率低，我们又建立了一个种兔研究中心，从国外引进最优良的种兔。反正，农户有什么困难，江老师就琢磨着干点儿什么。”王秀萍继续说道。

“你们的‘兔子王国’就是这么建立起来的？！”涵天对旭荣的这种“纯自然生长”有些诧异，没有宏大的愿景，没有缜密的规划，似乎是被旁人一步步推出来的。

江源挠挠头说："我只上过初中，没什么经营思路。做到今天，真是被大家一步一步推着走的。现在我发现，我已经成为公司发展最大的瓶颈，我们急需请来一些管理人才。曾总，如果我们的薪酬不够有吸引力，我愿意让出一些股份，甚至总经理的位置。"

听了江源说的话，涵天既感动，又无奈，他沉思很久，缓缓说道："江总，从公司来讲，我很难帮您做这个项目，因为我们的咨询费太高了。但是从个人的角度来说，我很愿意帮您试试。"

"太感谢您了，曾总！会不会太麻烦您？"江源既感动，又有些不安。

"江总，我也是从大西北出来的，印象最深的就是路遥写的《平凡的世界》。我很感动您的创业情怀，也钦佩您的格局。"涵天动情地说，"我不能保证帮您找到合适的人选，但是我会尽力帮您联络一些专业人才，包括一些相关资源。"

夫妻俩非常感谢他，临走时，王秀萍硬塞给涵天两袋兔肉食品，说道："这是我们自家生产的，很健康，您尝尝。"

答应是答应了，但江源的这个项目真的很难。一方面，农业人才本身就少，在农业领域从事市场营销和品牌策划的人才更是凤毛麟角。另一方面，旭荣公司位于偏远的西南山区，给的薪酬又不太高。涵天动用了自己所有的人脉，总算找到了四位愿意进一步洽谈的人选。他们在电话里和江源谈了两次，没一个人愿意去任职。

江源一次次满怀希望，又一次次陷入失望。“这20年来，看人脸色看惯了，不怕。”事后，江源总是自嘲说道。他每次来北京开会，都会请涵天帮他联络互联网人才或农业方面的专家，不是畅谈他的“兔王国”，就是谦逊地求教。每一次见面，年近50的江源列出一大堆问题，逐一询问，记下十几页笔记，那种如饥似渴的学习精神着实令人钦佩。

转眼一年过去了。某一天下班前，有人找涵天。见到面前一对年轻的夫妻，涵天愣住了，那位男士很像江源，只是他更强壮、更神采飞扬一些。

“曾总，您好！我是江源的儿子，江泉。”这位年轻男子灿烂地笑着说道，“这是我妻子，吴婷，我们刚从美国回来。一直听我爸妈提起您，我们特意来看看您。”

“你是学成回国，支持你父母的事业吧？”涵天欣赏地看着一对璧人。

“还没毕业呢，家里有些急事。”江泉迟疑了一下，沉声说道，“我爸得了胰腺癌，恶化得很快，最近已经卧床休养了。”

“什么？”涵天惊呼。他想起年初见到江源，面色有些疲惫，身子越发消瘦，居然……

“上次爸爸来北京看病，医生说少则半年，最多也只能撑一年。因此，我们不得不提前回来了。”江泉的脸色黯淡下来。

涵天知道，江源本来答应儿子，让儿子在美国学习他喜欢的金融专业，追寻自己的职业梦想，不必回来继承兔子养殖业，谁知造化弄人。

“爸爸在这个时候最需要支持了，我们是打仗父子兵。”江泉比较豁达，开始展望起旭荣的未来，“今后，我想借助互联网，把我们的产品营销到全国，乃至东南亚和欧洲地区。”

“对，欧洲的一些国家对兔皮有很大的需求。另外，兔肉是低脂肪的健康食品，很受年轻人欢迎。”一直没怎么说话的吴婷补充道，“我是学国际贸易的，正好可以支持江泉拓展国外的营销渠道。”

江泉点点头说：“其实，旭荣的产品不错，就是地点太偏。为了今后的发展，我想和父母商量，把公司的研发和营销中心挪到北京来。”

真是一对珠联璧合、有想法的年轻人！涵天在心中暗暗叫好，看来，江源的事业后继有人了。

九个月后，媒体发布了一则令人痛心的消息：“中国兔王”江源病逝，享年 50 岁。他养兔致富、扶贫乡里的成功经验，曾经被刊登在美国《华尔街日报》上。近八年来，江源夫妻俩还是微软公司、福特汽车公司的海外“创新扶贫项目”的中国合作者。

今后，“兔王国”的传奇由谁来续写？23 岁的江泉，这位美国布朗大学的金融研究生、90 后“创二代”，在重塑自己的人生时，也将重塑“兔王国”的未来……

【小唐飞刀】

我们要迎接痛苦，而不是躲避痛苦。如果你没有放任自己，而是养成习惯，总是在一定程度的痛苦中工作，你将更快地进化。案例中江源正视痛苦、转化痛苦的精神着实令人钦佩。

人生就是这样，当你遇到痛苦时，你就处在生活中一个潜在的重要节点：你可以选择健康和痛苦的事实，也可以选择不健康但舒适的幻觉。前者的妙处在于，如果你选择了健康之路，痛苦将慢慢变成快乐，并且让人步入“新境界”。

【宇红心语】

一段感性的话来自特蕾莎修女。有人问她：是什么使你一生中能做那么多伟大的事？她先是满脸不解地看着对方，随后很简单地回答：“人不能做伟大的事，只能做小事，但要用伟大的爱心去做。”

一段理性的感悟来自《少有人走的路》的作者斯科特·派克，他在该书中写道：“绘制人生地图的艰难，不在于我们需要从头开始，而是唯有不断修订，才能使地图的内容翔实而准确。”

江源怀着美好的初心去创业，让农民体面地赚钱，有尊严地生活。这份爱心激励着他不断地学习和创新，激励着他不断地进行自我突破，也不断地感染和吸引着身边的人。

【你的感悟】

参考文献

[1] Eric Schmidt, Jonathan Rosenberg, Alam Eagle. *Trillion Dollar Coach：The Leadership Playbook of Sillcon Valley's Bill Campbell*[M]. New York: HarperCollins，2019.

[2] Taylor Pearson. *The End of Jobs: Money，Meaning and Freedom Without the 9-to-5*[M]. New York: Lioncrest, 2015.

[3] 琳达·格拉顿，安德鲁·斯科特. 百岁人生：长寿时代的生活和工作[M]. 吴奕俊，译. 北京：中信出版社，2018.

[4] 切斯利·萨伦伯格，杰夫·扎斯洛. 最高职责：看英雄机长如何用一生的信仰寻求安全之路[M]. 杨元元，译. 沈阳：万卷出版公司，2011.

第五章

顺势而为

本章围绕以下三个维度展开。

谋事：以“事件管理”促进“流程管理”

谋时：在不确定性中“野蛮生长”

谋势：“最短路径”不是“最优路径”

在本章的七个案例中，创业经理人面对混沌或混乱，以其或灵活、或执拗、或大胆的经历展现了“顺势而为”的精妙。

谋事：在混沌中前行

谋事：惊喜中的风波

谋时：绝代双输

谋时：天局

谋势：转大弯、解困局

谋势：云中漫步

谋势：生态重构

拉斐尔·沃尔多·爱默生说道："愚蠢地追求一致是狭隘之源。"

跟随一种大方向，像冲浪一样随时调整发力的角度和力度，与潮流相得益彰，反而会增加很多弹性和可能性。对于创业中出现的各种可能性，创业经理人不能直观地去判断对错，而是应该做"价值选择"。因为你并不知道哪个选择一定是对的，没有任何前人的经验可以借鉴，所以保持一种包容、有弹性的胸怀，尤为可贵。

创业经理人容易执着于底层逻辑的追逐，由于强化"推演大于归纳"的思维模式，在某种程度上体现为思维强迫或实践惰性。"顺势而为"可以让创业经理人在探索新领域时不偏离目标，让他们从全局的角度理解遇到的难题，也可以让他们和企业快速应对不断变化的环境。

谋事

抢滩登陆的意思是，先占据、稳固住一个个滩头据点，再持续攻击、大力推进，就能突破铜墙铁壁般的防线。

有人把抢滩登陆评价成"以细节决定胜负的一种战争策略"。的确如此，在抢滩登陆期间，作战的军种较多，包括海军、陆军和空军。影响抢滩登陆的因素也比较多，如自方的战舰数量、火力打击力度，敌方的防线分布、火力部署、不确定的天气因素和洋流状况等。

孙振耀先生曾任中国惠普有限公司总裁，他在一篇文章中写道：成长型企业更多地进行的是“事件管理”，而不是“流程管理”。这或许是成长型企业与成熟型企业之间的一个重要区别。

因此，在成长型企业任职的人，如创业经理人，就一定要理解企业发展的路径依赖。当创业型企业的许多事情都没有定论，并且又不可能停下来诊断个案、照搬他人经验时，就必须在前进的过程中进行一个又一个项目的管理。在众多“事件管理”的过程当中，领导者才能发现规律、总结规律，逐渐形成流程化管理。如果创业经理人直接进行顶层设计、流程设计，在快速不确定的形势下，团队在项目实施中往往会出现偏差。然而，人们有一种思维方式，就是无论你做了多少件好事，只要有一件事出了差池，之前所做的好事都会归零，或者大打折扣。

因此，凭借一件件事情做得漂亮，用一个个成功案例来树立信任感，以“事件管理”来支撑“流程管理”，是创业经理人立足的根基。

谋时

什么时间干什么事，这正是管理中的艺术成分。做早了，成为“先烈”；做晚了，沦为“鸡肋”；做得正当时，皆大欢喜。

从“双创”热潮来看，从事云计算、大数据领域的企业如果不在2013—2014

年崭露头角，之后再想冒出来就有难度了。客户的包容度、竞争对手的逼迫和行业的逐渐成熟，这些因素都对企业进入市场提高了门槛。时间窗口一旦关闭，无论企业和个体有多大本事、多么努力，都只能事倍功半。在成长型企业面临的不确定性中，时间是最大的机会成本。“迭代”就是和时间窗口赛跑，踩准大节奏、在对的时间做对的事情，能够大幅度提升企业跨越生死线的概率。

相对而言，经理人群体对于时间窗口的感知弱于企业家群体，“只拉车不看路”大抵说的就是这件事。致力于执行是经理人的专业操守，值得钦佩。然而，在巨变的时代，关注时机的微妙影响，是对做好执行的重要补充。

小米的创始人雷军在招贤纳士时，始终强调其内部的合伙人机制，却很少讲考核、讲评价，甚至更多地强调去考核化、去评价化。奇虎 360 也是如此，没有严密的绩效管理方案，只有一个明确的方向，作为大家共同努力的目标，过程控制主要依靠勤于“复盘”的这种行为。大多数互联网公司在攻城略地的快速发展中，多采取“极简主义”的管理方式。

罗伯特·汤森德是 *Up the Organization* 一书的作者，也是 Avis 汽车租赁公司的前任总裁。他认为理解决策制定的关键要素很重要，尤其是体会决策者的决策动机。

在企业中一般有两种决策：一种是快速制定的决策，因为它们成本低且易于改正；另一种是只有在经过深思熟虑之后才能制定的决策，因为它们成本高且不易于改正。然而，所有的决策都是基于不完整的数据而制定的。优秀的企业家 1/3 的决策是正确的，1/3 是错误的，另外的 1/3 不论决策好坏，结果都是一样的。那么，作为执行者的创业经理人，你该如何应对？

首先，不要耽搁决策。推迟决策，或者不制定决策，其本身也是一种决策，都有相应的后果。

其次，当你有权制定决策时，不要把自己的决策权向上转移，决策力是领导者的核心要素之一。

最后，一旦决策，就要快速执行。许多成长型企业都是通过行动的决心、战术的勤奋，弥补了战略上的不足。

例如瑞幸咖啡，众多投资人不看好它的商业模式，但都钦佩其每一个环节的决策力和执行力：成立一年半完成三轮融资，一年开了 2 000 家门店，2019 年 5 月在美国纳斯达克顺利上市，2019 年门店将达 4 500 家，并且门店数量将超过星巴克……

谋势

“最短路径”并不一定是“最优路径”。

逍遥子曾经说道：在战术上面，两点之间距离最短。然而，在战略上，两点之间距离永远是最长的。

逍遥子还曾问道：“双十一”购物狂欢节是怎么策划出来的？是为了活

命想出来的。2009 年第一次举办“双十一”购物狂欢节，那时我们正在艰苦地突围、找出路。既然美国有一个“黑色星期五”的节日，那我们也试试看。举办这个“双十一”购物狂欢节，让人家愿意到我们这儿来，并且分得清楚淘宝商城和淘宝。我唱点儿反调，清晰的规划是课本上讲的，我认为战略很难被清晰地规划出来。这里面要靠什么？要靠执着和坚持，大趋势要走对。顺势而做，会越做越轻松。逆着消费习惯的变化，逆着社会潮流而做，会越做越累。

对于创业型企业而言，无论是战略清晰，还是战略缺失，都有一定的意义。所谓的战略清晰，只是一个大概的发展方向，不像成熟型企业那般精准“定位”。然而，战略缺失或许提高了组织的柔性，增强了团队的主动性和创新力……

斯科特·菲茨杰拉德更加直截了当地指出：“一流的智力测验就是对头脑中同时有两种相反的观点、但仍能正常工作的能力的测验。”成长型企业往往兼具这些特点：计划性和突变性、指令性和参与性、适度控制和大胆尝试等。

在成长型企业当中，创业经理人往往会犯的一个错误就是过于急迫、过于直接。很多时候，创业经理人并不是依靠简单的热情或努力就能达成目标的，而是往往需要借助相应的资源和环境。如果周围的土壤、环境不适合怎么办？在种树或拔苗之前，松松土、浇浇水、除除虫，施一点肥……培育好了土壤再动手，往往事半功倍。

谋事

在混沌中前行

华睿是一家证券公司，成立五年来锐意进取，进入了证券行业的前 20 名。最近，华睿公司收购了另一家证券公司天宏，要在三个月内完成所有的业务整合和人员配置。新加入华睿公司的人力资源总监昊然成为“重组项目领导小组”中的一员。

第一周，昊然信心满满。他之前在咨询公司 KRG 工作了四年，参与过金融业的十几个兼并和重组项目，专业技能和行业经验自不在话下。

然而，浩然在第二周就遇到了困难。

华睿公司副总裁宋涛翻了翻昊然递交的组织结构和人员配置报告，冷冷地说道：“外企的那套方案看着很专业，但是不接地气。你还是跟业务部门的负责人多聊聊吧。”

在开 HR 部门会议时，华睿公司组织发展（Organization Development，OD）部门的两位新加入的顾问抱怨人力资源业务伙伴（Human Resource Business Partner，HRBP）部门，做事太不专业，总是提一些不切实际，或者不明确的需求。华睿公司的六七位资深的 HRBP 则反唇相讥：“你们才来几天，就知道坐在总部指手画脚，根本不懂业务！”昊然与两位从外企来的 OD

顾问都被看作“外来和尚瞎念经”。然而，天宏公司的几位HR经理一言不发，冷眼看着华睿公司的老人与新人之间的争斗。

昊然觉得老板不认可自己，下属也是乱作一团。于是，他压住了心头的失落和焦虑，采取了四个措施：

第一，自己每天带着来自华睿公司的一位OD顾问和一位HRBP，深入了解业务部门的需求；

第二，将一位来自华睿公司的OD顾问和两位来自天宏公司的HR经理整合起来，形成“三人小组”，深入了解两家公司的业务；

第三，每周召开例会，将大家收集到的需求和反馈汇总在一起，划分成不同的主题，让大家分组讨论，群策群力提出解决方案。昊然在大家讨论时讲得很少，他问得多、肯定得多，只在关键之处点评一二。慢慢地，这些HR伙伴打破了隔阂，加深了理解，虽然在会上争得面红耳赤，但会后彼此协作很高效。

第四，昊然经常向宋总汇报工作进度，请示意见，并且按照领导的意见及时改进。宋总对昊然越来越信任，再也没说过“你们外企……”这类话了。有时，他还会私下指点一下昊然。

昊然把握住了公司高层对于重组项目的核心思路：我们华睿公司的胸怀要宽广一些，在重组中尽量给天宏公司“高配置”的资源。于是，昊然一方面请两个公司的领导在管理会上反复沟通这次兼并重组的战略意义，以及未来可观的发展前景。另一方面，他也与几位华睿公司的管理者深入交流，耐心听取了他们的感受和想法。

三个月后，重组项目顺利完成，不仅业务顺利对接，客户服务未受影响，而且两家公司的核心骨干一个都没有流失。昊然在华睿公司稳稳地扎下了根，他的“四有”方法论（有想法、有创新、有落地、有结果），也在公司中享有盛誉。

【小唐飞刀】

高密度的事件驱动，是一个看上去不出彩、但实际很有效的办法。成长型企业容易陷入坐而论道、议而不决的状态，标准和规矩是打出来的，不是谈出来的。

高密度的事件驱动，在客观上让团队停止内观，发力外求——谁在事件中掉队，谁在事件中有所作为，一目了然。

【宇红心语】

在创业型企业中，职业经理人实施“拿来主义”颇有风险。他们虽然有一整套经典的管理工具、制度流程，但是在新组织中：一则自己尚未建立“信任度”和树立“权威感”；二则下属团队的职业素质、工作动力尚且不知，带来的“好经”往往被念歪了。

在创业型企业中，职业经理人实施“由下而上、上下联动”比较稳妥。因为这既能博得下属的理解和支持，也在上司那里体现了谦逊和谨慎，并且获得充分的授权。再加上职业经理人推动一件件事情、达成一个个目标，生存之后方能持续发展。

【你的感悟】

谋事

惊喜中的风波

赛卓是在硅谷创办、在北京营业得风生水起的一家计算机培训公司。赛卓公司除了培训年轻人一些前沿而实用的 IT 技能，还建立了很活跃的“IT 人才”技术和社交平台。因此，近五年来，赛卓公司已经在 IT 圈内赢得了口碑，并且在全国建立了四家分公司。

某一天，北京分公司的总经理王冬梅产下一子，大家祝贺之余，嚷嚷着要看看孩子的父亲。王冬梅有些尴尬地亮出了孩子父亲的照片。

大家全惊呆了，孩子的父亲居然是赛卓公司 CEO 邵云峰！

两位联合创始人（首席技术官曲斌和首席市场官吴少怡），感到非常愤怒！这股愤怒的火儿来自两头：一头是他们熟知邵云峰的前妻徐丹。当年在硅谷创业时，徐丹帮着一起创业，大家相处得很投缘。如今，徐丹带着两个年幼的孩子，邵云峰居然悄悄地和别的女人有了孩子！冒火儿的另一头是，当初王冬梅进公司时，邵云峰让她担任北京分公司的总经理，但她之前从未在 IT 界或培训界做过。经过一番争执之后，曲斌和吴少怡勉强同意了，毕竟这些年一直是邵云峰在掌控大局，他们还是相信他对人才的判断力的。

谁知？！现在两人竟然有了孩子！两位联合创始人立即向董事会和邵

云峰强硬要求：第一，邵云峰立即向董事会道歉。第二，必须立刻辞掉王冬梅。

在给董事会发送的邮件里，曲斌和吴少怡措辞严厉地写道：“由于赛卓公司 CEO 邵云峰和北京分公司总经理王冬梅的恶意隐瞒，赛卓公司已经出现了‘内部人员非法控制’的现象，违背了公司治理的基本要求。因此，我们要求邵云峰立即向董事会致歉。同时，尽快解除王冬梅北京分公司总经理一职。”

对此，邵云峰最初两天没有回复，随后态度很坚决：王冬梅为赛卓公司做出了巨大贡献，不能因为她是我妻子（我已经和前妻在一年前离婚），就无故被解除职务。

曲斌和吴少怡不依不饶，如果邵云峰不辞掉王冬梅，他们就退股，并且要带着讲师团队离开这家“夫妻店”。

双方剑拔弩张，各不让步。董事会找各方沟通了三五天，也没什么让步。

在关键时刻，吴少怡忽然想起了国际著名的人才顾问公司 CR Slon。于是，她向董事会申请，邀请 CR Slon 公司为核心管理团队做一个“能力素质评估”，给董事会一个专业而公正的判断：对公司的长远发展而言，僵持的双方谁更有价值！

在提出这个建议的第二天，董事会同意邀请 CR Slon 公司派一位专业顾问到赛卓公司，对核心管理团队进行评估：总共进行四轮“一对一访谈”和一轮“问卷测评”。

第一轮访谈在顾问 Jerry 和邵云峰之间进行，Jerry 看到的是一个温文尔雅、略带羞涩的中年人。邵云峰花了近一个小时，清晰地分析了赛卓公司的核心优势、管理团队成员的各自特长，以及未来两年内公司上市前的一些关键步骤。

第二轮访谈在 Jerry 和曲斌之间进行。曲斌是赛卓公司的研发负责人，管理着三十多人的讲师团队。这是一个爽直的 IT 男，义愤填膺地说道：“邵总为了一个女人，根本不顾公司的发展前景，也不顾我们创业时的承诺，太让人寒心了！”

在第三轮访谈中，Jerry 与吴少怡的沟通非常直接，吴少怡直接表达了自己的立场：“王冬梅必须离开赛卓公司，否则曲斌和我都离开！没什么可商量的。”

第四轮是 Jerry 和王冬梅的交流。在 Jerry 心目中，她俨然是另一个版本的“邓文迪”，瘦削而挺直的身板，凌厉的目光，一副精干而强势的模样。“好吧，在说细节之前，我先表个态。为了邵总，为了赛卓公司，我可以考虑离开北京，去其他分公司，但绝不离开赛卓公司。”王冬梅很直接地亮出“底牌”。

等四人全部谈完后，Jerry 又让他们做了一套翔实的“能力素质测评”。

三天后，董事会成员、赛卓公司的核心高管和外部顾问 Jerry，一起坐在宽大的会议桌周围举行会议。会议由董事会的一位成员主持，邵云峰先向大家道歉：“对不起，由于我的行为造成了赛卓公司的一些风波，既降低了团队成员之间的信任，也对公司的声誉造成了一定的影响。我希望我们不计前嫌，尽快拧成一股绳，朝着纳斯达克上市的目标前进。我相信，这也是我们每一位伙伴的目标！”

接着，另一位董事会成员宣布：“经过董事会的商议，北京分公司总经理王冬梅休假半年，随后到广州分公司任总经理。北京分公司总经理由吴少怡暂时接任，直至找到合适的新候选人。”

【小唐飞刀】

企业家、创始人、创业经理人不一定是同类型的人，在“大是大非”的问题上团结一致就可以了。一个多元而统一的团队是未来组织的发展趋势，制造型企业那种整齐划一的团队模型很难再现了。

在企业中，大家担心的其实是部分有特权的小团体，“夫妻店”都只是符号罢了。只要不损害组织的大目标，不侵害“我的利益”，人们的理性总是能战胜感性的。

【宇红心语】

问题不是问题，如何应对才是问题。

在创业型企业中，部分有特权的小团体常常是最具凝聚力和战斗力的人力资本，也可能是一场纷争的导火索。在遇到冲突和僵局时，创业经理人除了拿出商业道德、企业规范、职业素质等理由义正词严地争辩，还要充分考虑“利益相关者”的得失，采用更灵活的策略、借用更广泛的资源，最大限度地达成各方目标。争论“你对我错”没必要，痛斥“见色忘本”“见财起意”也略显幼稚，关注“总体利益最大化”才是关键。

【你的感悟】

谋财

绝代双输

老林是一家成长型企业的创始人，在业内很有建树，搞过餐饮做过媒体，是一名优秀的连续创业者。他在最新的新零售创业项目上聘请了一名职业经理人宋超做他的副手，宋超在专业素养上是业内顶尖的，在国际国内顶尖的快销领域都做过高管。此外，宋超在业务中和老林有过合作，因此在加盟的前半年宋超获得了空前的信任，公司的全面管理都交给宋超。在合作的过程当中，公司要做一个比较重要的一个决策，老林想要跨界去收购一家和主业不太相关的企业C，理由是颠覆式创新需要在“体外”孵化。在投资的过程中，宋超做出了专业且中肯的分析，他认为标的企业在领域内并非排头兵，并且该企业在最近几年的成长速度非常缓慢。此外，从同类型企业的评估来看，该企业提出的收购价格是偏贵的。

宋超坦言：“从种种因素来看，C 公司的内部应该有很大问题。因此，我建议不要投资C公司。”听完宋超有理有据的分析，吴总摇摇头说：“我参股这家企业的目的，并非是看到它的当下，而是着眼于它的未来。我相信它会有很好的前景。对于C公司当下所遇到的困难，只是暂时的。”

然而，宋超对老林长远的“战略性思考”无动于衷，他又从专业角度进行了深刻的分析，甚至对比了同行业、同类型企业过去 2～3 年来的估值，再次证明这家企业的收购价格高，前途渺茫。最后，他还是坚定地提出：“林总，我们不应该投资 C 公司。”

听了宋超说的话，老林不但没有被说服，而且勾起了他的倔脾气，愤怒地说：“宋超，你怎么就走不出自己的思维定式呢？无法突破自我，就无法锐意创新！”于是，老林不顾宋超的反对意见，仍然决定投资这家企业。大约过了半年时间，虽然无法判断谁对谁错，但至少从业务角度来看，被投资的 C 公司毫无进展，也间接证明了宋超的专业判断。然而，在事情发展的过程中，老林已经越来越不信任宋超了。宋超依然坚持认为，自己没做错，老板请自己来就是要仗义执言，否则对不起老板，也对不起自己。话虽如此，经历此番博弈，老林事实上疏远了宋超，宋超也觉得老板听不进自己正确的专业判断，对于自己在公司内的职业前景也一片茫然。

【小唐飞刀】

企业家和职业经理人之间的相处就像谈恋爱。企业家看职业经理人，只要长得漂亮就可以了。等结了婚之后，就需要你上得厅堂、下得厨房，甚至还要多角色扮演。这也没办法，毕竟在创业的过程当中，企业家只能一往无前，他必须战斗到底，所以职业经理人也需要向他的格局看齐。然而，从职业经理人的角度来讲，如果只认为自己是专业人士，只讲事情、不谙人情就麻烦了。

谋事也要谋时，谋事的时候企业家和职业经理人都容易“感情失调”，错把时间红利当作绝对真理。两者多一点“换位思考”：从企业家的角度来讲，应该更加主动地伸出橄榄枝，放低姿态给予职业经理人一定的安全空间。职业经理人应该摆正位置，跳出逻辑思维，去思考老板背后的深层动机，一方面提供足够的专业支持，另一方面及顾全大局，在必要时做出理智与情感的双重让步。

【宇红心语】

在上面这个投资案例的争执过程中，职业经理人宋超不顾个人得失、坚持己见的行为看似“可歌可泣”，但和老板闹得不欢而散，最终两人间的隔阂越来越大。虽然事后证明了这个投资是有问题的，也间接证明了老板是错误的，但当时宋超让老板下不来台，失去了彼此之间的信任。无论对个人还是对公司而言，都是一个双输的结局。

在结果上，你是对的，却伤了感情。现在的事情都很难推动，更何况今后的局面。

赢得了信任，耽搁了事情，后续还有诸多可能。尤其当对方充分感受到在协作中“被尊重”“被支持”“被重视”时，并且满足了他们内心深处的渴望后，他们会带着强烈的补偿心理去进行下一轮协作。

有时坦言相告，有时半推半就，职业经理人要在心里掂量一下：对方的开放度如何？我和他的信任关系有几分？对方目前是怎样的状态：他是拿定了主意，只是希望我附和一下、寻求一个心理安慰；还是他犹豫不决，真心希望我专业地分析、支持他最终下决心？

【你的感悟】

谋 财

天 局

作为业内一家新锐的高科技企业，C 公司努力五年，终于在业内崭露头角，站稳脚跟，业绩进入高速发展阶段。

业务合伙人老肖开了几次管理会议，在会上明确提出：“我们做事情要务实求真，务求打牢基础、步步为营。”创始人 Eric 闻此言神色黯然，不置可否。他的激进、大胆与老肖的扎实、谨慎原来一直互补，在过去的三四年里，他们共同支持公司高速而平稳地发展。然而，近半年来，双方的分歧越来越大。对外，Eric 一直畅谈：“用科技更深度地改变世界，我们就是颠覆者，会不断拓展新领域……”对内，这位野心勃勃的创始人一直督促核心团队：我们以前所做的一切不足以规模性地爆发。当下这个市场的竞争是非常残酷的，我们不挤进前三名，行业资源和客户资源就可能被榨干，进而快速消亡。因此，我们要再大胆一些，再快一点儿。

C 公司成立于 2015 年，当时致力于开展移动端数据分析。当时业内已经有一个巨大的竞争对手 Thinking Bar，C 公司在正面战场 PK 不过他们，便迂回突破、双向成长，进行战略性突破。Eric 根据 C 公司的能力范围，有选择地通过合资、拆分组成了多家联合体，同时借助本地的国资创投基金，分别注入资金和资源，优化了人力资本、扩大了资本范围之后，C 公司作为母体实现了跳跃式成长。几年后，凭借整合多家公司的实力，C 公司不仅吸引来了融资，还成功收购了外资龙头企业 Data Mas。

“我们要具备‘天局思维’——未来你想成为谁？想清楚了，再快速反过身来寻找战略合作伙伴、整合相关资源。我们不能只局限于‘碉堡思维’。”Eric 耐心地和老肖沟通，“例如，咱们常来‘三国茶楼’喝茶。如果只在一个点上竞争，那么你就会只想着怎么经营好这个‘三国茶楼’，就只局限于这一个点。然而，如果你把这个地区定义为‘文创产业园’，那么可以沿着一座茶楼布置相关的产业链，获取更多的资金与政府资源。”老肖听后似乎有所觉悟，这和他之前的发展思路大不相同了。

【小唐飞刀】

创业很有趣，有趣的是挑战人性底线。在创业型企业中，积木式创新、天局思维，这些想法和传统企业的按部就班、稳扎稳打有着本质区别。当今社会是一个以十倍速度发展的时代，创业经理人的与时俱进也需要十倍速度。

【宇红心语】

“我们是谁？”“我们要成为谁？”大多数创业型企业只是估计了一个“方向”，很难精确到一个确切的“方位”，它们要拼的是决心和速度。然而，成熟型企业由于丰富的资源和深厚的行业积累，能够比较准确地定位一个市场。在一家创业型企业里面，老板最头疼的是你跟他头头是道地分析：目前的市场情况不清晰，内部条件有限，产品研发跟不上……

在京东的一次季度会议上，创始人刘强东对某个事业部提出了 140%的发展目标。一位事业部副总裁提出了三点困难：“第一，我们的专业人员还不到位，第二……”话音未落，刘强东打断了他：“我问的是你如何完成，不是你如何做不到。”在一些企业中，老板更直接、粗鲁的回应是：要是那么容易做到，我还要你干什么？！

【你的感悟】

谋势

转大弯、解困局

肖总最近有苦说不出：作为一家软件公司的创始人，公司在过去的三年里，业绩快速发展。除产品功能好、应用场景丰富以外，多亏了销售部副总裁张岩四处奔波。然而，张岩从去年以来就有些“出格”了，先是好几笔应收账款收不回来，随后又和公司的行政经理小白发生了暧昧关系。某一天，张岩的妻子居然闹到公司，除了殴打小白，还在肖总的办公室里哭闹了两个多小时。

怎么办？肖总既愤怒又失望，他很想一下子开除两个始作俑者，但抽了两根烟之后，他还是压下了心中的怒火，找来手下两员大将（首席运营官雅洁和首席技术官昊然）商量。

“把张岩和小白赶紧裁掉，我们创业公司里不能搞这些乌七八糟的事情，今天在公司里的影响太坏了。”昊然干脆利索地说道。在平时的工作中，他和张岩之间的矛盾比较多。此外，昊然坚信公司的核心竞争力和业务增长是由于优质的产品服务，而不是靠什么销售大片。

“还不能这么一刀切。”雅洁想了想，慢条斯理地说，“公司所有的财务和社保数据都在小白的手上。还有，张岩手里目前还有四百多万元的应收账款呢，他一走，应收账款就很难收回来了。”雅洁之前在一家国内知名的 IT 公司中做过总裁助理，她看事情比较全面，情绪也比较稳定。

“大不了打官司。”昊然不以为然地说道。他之前在一家外企工作，他看事情比较黑白分明、条理清晰。

“打官司耗时耗力不说，还会影响到日常管理，最后的应收账款能收回来多少也说不准。”雅洁摇摇头，否定了这个想法。

肖总听了半天，此时说道：“虽然我很生气，但此事处理的结果最好是双赢，或者把损失降到最低。你们还有什么法子啊？”

“肖总，这事儿您交给我吧。”雅洁笑着说，“当年我在联创，我们老总常说，做事情要拐大弯。我争取把这个弯儿拐得又大又稳！”

过了两天，雅洁宣布要在公司进行绩效改革，全体人员需要做两个准备：

第一，人事经理全员培训半天，宣讲公司的管理制度、人力资源制度，包括用人原则、职业操守等，每个人都要在“员工行为守则”上签名。

第二，要求每个人清晰地写下日常的工作内容，随后将以此为基础，来衡量每个人的工作角色、工作量和考核标准。每个人写的工作内容全面而清晰，生怕少说了自己的工作量，日后会在绩效考评中吃亏。

某天晚上，雅洁在办公室工作到很晚。等大家全都下班后，她找了一位外部的人事顾问，还找了一位 IT 专家。他们打开小白的电脑，将其中的财务、人事数据全部拷到了肖总的主机上，自己也留了一个备份。同时，他们还修改了小白电脑的密码，在公司系统里封了她的工作账号。人事顾问审核了一下人力资源管理的内容，发现了小白一个重要的疏漏。

第二天一早，小白发现打不开自己的电脑，又被人事经理通知：签好离职书，上午立刻离开公司。小白极其愤怒，和人事经理吵了几句，就冲到雅洁的办公室，威胁道："公司无故裁人，我要去告你们。"雅洁慢条斯理地说："小白，公司不是无故裁你。首先，你犯有渎职罪。两位管理者离职了三个月，你还未在社保中心做减员处理，每个月都给公司损失了几万元。另外，公司的摄像头上有张岩的妻子闯到公司殴打你的镜头，这严重地扰乱了公司秩序，也违反了'员工守则'。"雅洁边说边凝视着小白，缓缓道来："如果我是你的话，无论是从经济还是从声誉的角度，我都不会打官司。"十几分钟后，小白安静地收拾好东西，交接了必要的手续，离开了公司。

当晚，肖总专门找张岩聊了聊，鼓励他在公司继续好好干，并且语重心长地说："张岩，我还是非常看重你的。今后，你就可以安心工作了，对家庭和事业都是一个全新的开始。"张岩面露愧色，频频点头。

半年后，张岩在他的得力助手 Allen 的支持下，收回来 90%的应收账款，但张岩和渠道商之间总有些财务上"灰色"的地方。又过了半年，肖总痛下决心，让张岩走人，销售部由 Allen 担任一把手。

【小唐飞刀】

在工作环境中，如果出现了非黑即白的错误，那么是相对容易处理的。如果出现"抓住老鼠、打破油瓶"的局面，在应对时就需要耐心和智慧了。寻找一个恰当的时机，拿捏一个恰当的分寸，考验的是一个创业经理人的功力。在很多情况下，创业经理人遇到的重大挫折并不是去挑战艰难困苦的高峰，而恰恰是在这种小河沟里翻了船。然而，案例中的雅洁与肖总配合默契，在小河沟里驾驶好了船。

【宇红心语】

面对压力，人们会自动化地呈现出“应对模式”，或者指责，或者讨好，或者打岔，或者超级理智，这些“应对模式”跟我们十几年的原生家庭密切相关。如果创业经理人能够觉察自己的应对模式，转化为更开放、更灵活的一致性模式——既关注到自己，也关注到他人和目标，就容易“拐大弯”，找到更灵活的应对方式。

案例中的肖总控制住了自己瞬间的愤怒，转化为更加开放的倾听和考虑。而雅洁既洞察了人性的弱点，也充分考虑了组织的目标，颇有创意地造势、借势，能够在困境中解决问题。

【你的感悟】

谋势

云中漫步

2010 年，我还在 IBM 工作，当时公司开始向云计算转型，但是小型机产品的销售如日中天，根本没人有兴趣研究云计算。当时，公司推出的策略是要求每个事业部必须完成一定数额的云计算订单。我作为业务线的负责人曾经认真地学习了公司的云产品，坦白说，到今天我都没看懂这些云产品。在随后的业务拓展中，我只好随大溜，跟着其他事业部的同事一起“灌水”，也就是把一些相关订单都冠以“云计算”的名目充数。大家都以为云计算只是一阵赶时髦的风，叫着热闹，过了这阵子就罢了。毕竟产业变幻每天都在上演，而蓝色巨人依然稳健发展。

直到 2013 年，虽然国内的各种云厂商都如雨后春笋般发芽，而我们依然没有感觉。因为在核心业务场景中，云计算依然没有大的表现。同年 7 月，我在波士顿大学上课，是 IBM 和波士顿大学的联合培训。某一天，我听我的一位同学说，美国中央情报局把一个六亿美元的系统建设订单给了亚马逊公司（这是一个真正重量级的云计算业务）。那一瞬间我终于明白，云计算的狼真的来了。

接下来没多久，IBM 发布了自 1995 年以来最大规模的裁员——阿波罗计划。然而，我们这些对云计算后知后觉的人们突然发现，面对这样的产业大趋势，我们身处云计算产业的最前沿，居然对产业趋势变化的反应如此迟钝，以至于我们过往的技能无法满足新产业的要求，甚至很难重新找到合适的工作。盲点在任何环境、任何时代都是常态，像 IBM 这样优秀的企业想顺应大势都非易事，更何况身在其中的经理人呢？

【小唐飞刀】

云计算可谓多少年不遇的大趋势，身处其中的我却依然抓不住这个大趋势。可见普通个体在大部分的时间里只能谋事，把事谋好就已经心力交瘁了，很难再图谋大势。然而，我之前的同事，虽然在产业大潮的洗礼下各有不同的际遇，但总体来说，当年那批忍辱负重、百折不挠的伙伴，仍然有大部分在新环境下又做出了新的成绩。虽不敢说再次屹立潮头，但依然不辱使命。谋不了大势也可以谋时，谋不了时也能坦然面对世事，可谓顺时而生，顺势而为。

【宇红心语】

“灯下黑”“温水煮青蛙”，都是类似的道理：当时浑然不觉，事后看得明白，已然晚了。如何对新事物、潜在趋势多一些感知力和洞察力呢？接触不同背景的人，了解不同行业的发展，多一点好奇、少一点评判……让自己有机会跳出温水、离开灯下，扎进一个新环境里泡一泡。

【你的感悟】

谋势

生态重构

由于工作关系，最近几年我和腾讯、阿里巴巴集团有比较多的交集。腾讯和阿里巴巴集团的高速发展给生态系统内的相关企业带来了巨大的机遇，也产生了巨大的压力。作为一个在 IBM 工作了 15 年的老兵，我看过多少家公司从几个人成长为市值百亿元的上市公司，就是围绕着 IBM、甲骨文公司（Oracle）这样的巨头发展起来的。因此，我乐观地预言：伴随着腾讯、阿里巴巴集团这样的航母的航行，会有像过去 IBM、Oracle、易安信（EMC）那样的生态伙伴成长起来的。

但是很快地我发现，百度、阿里巴巴集团和腾讯的生态与当年 IBM、Oracle、EMC（以下简称 IOE）的生态迥然不同，边界模糊不说，并且百度、阿里巴巴集团和腾讯把很多合作伙伴的活儿都给干了，能够找到清晰的合作路径很不容易。如果照搬原来和 IBM 的合作方式，各自在产业链上下游扮演各自不同的角色，用松耦合的方式各自为战，很多公司都是死路一条。

一个偶然的机会我看到了两家公司。这两家公司都把自己的一些职能完全砍掉，例如，市场、销售甚至部分研发方向，以壮士断腕的决心全力以赴对接腾讯、阿里巴巴集团的业务，这些职能部门的发展突飞猛进。当时看来，自断一臂是非常危险的，在当年 IOE 的生态体系中是没人这样做的。然而，这两家公司赌博式的组织创新、令人瞠目的灵活取得了成功。可见顺应大势还要善于有为才行。

当然，在这种情况下的经理人就更要顺势而为，无论是从心态上，还是从应对上。例如，被砍掉的部门的伙伴们，不是你不优秀，也不是你不努力，只是你生不逢时，不在公司当下最核心的业务点上……经理人要放宽心，再启动。

【小唐飞刀】

顺势而为不是顺势无为，看上去错失的机会再来一遍也未必能抓住。不是不为，而是有意愿却做不到。经理人能够在一片混沌中发现大趋势：一方面抽丝剥茧，另一方面壮士断腕，就像在疾驰的战马上绣花，这是没那么容易的。

壮士断腕的这两家公司其实已经尝试过多种变通方式，都不成功，最后只好走一条路，向死而生，没想到走通了。这正迎合了电影《英雄本色》里小马哥的传说。据说当年拍摄《英雄本色》的时候，周润发只是一个配角，原来是准备让郑浩南来演的，所以连角色名字也定成了郑浩南的 Mark。当时周润发拍戏的时候迟到了几次，导演问他为何如此，他说是几部戏在同步拍摄。可见这部戏的火爆根本不在周润发和导演的计划内，但是大家都拼力去做……

【宇红心语】

在一个“生态圈”中，万物生长看似欣欣向荣，可以抵挡风吹雨打。然而，当环境突变、“生态圈”重构时，有些动物全然灭绝，有些动物改变习性，有些植物挤在一处艰难度日……不是你不够强大，不是你没有价值，而是在新的“生态圈”里，已经换了规则，没了你的位置了。物竞天择，自然界和人类社会皆如此，创业经理人在接纳现状之余，还是需要快速地更新。

【你的感悟】

参 考 文 献

Townsend Robert C. *Up the Organization：How to Stop the Corporation from Stifting People and Strangling Profits*[M]. NewYork：John Wiley & Sons，2007.

第六章

新工具

美国前国防部长唐纳德·亨利·拉姆斯菲尔德有一句名言："你要带着你现有的军队，而不是你想有的或你以后希望有的军队参加战争。"

再回顾一下创业经理人的五大核心素质（见图 6-1）。

1．**自在观心**：包括心愿、心力、心安，强调了心之所想。

2．**有境无界**：包括无界、有境、格局，关注了思维和行为上的大局观。

3．**大情小事**：包括安全感、同理心、信任感，提醒我们情感在组织中的影响力。

4．**"一艺孤行"**：包括绝技、精进、重塑，强调了行走江湖，一技傍身乃立足之本。

5．**顺势而为**：包括谋事、谋时、谋势，展示了认知的弹性和悟性对长周期发展的影响。

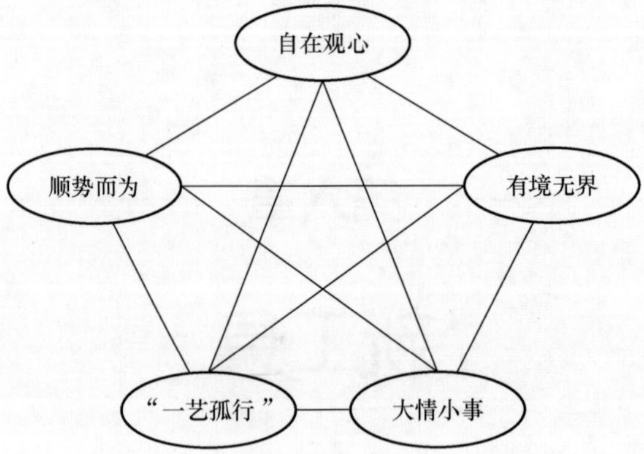

图 6-1　创业经理人的五大核心要素

观察以上五大核心素质，包含以下“想、行、受、色、识”五个维度，我们姑且定义这套理论为“五蕴模型”——

1．**自在观心**：包括心愿、心力、心安（想）。

2．**有境无界**：包括无界、有境、格局（行）。

3．**大情小事**：包括安全感、同理心、信任感（受）。

4．**“一艺孤行”**：包括绝技、精进、重塑（色）。

5．**顺势而为**：包括谋事、谋时、谋势 （识）。

“五蕴模型”是一个星形结构，没有中心节点，五蕴相互连接、相互作用。创业经理人不论从哪一点修炼，都会提升“五蕴”的整体能量。

“五蕴模型”对于创业经理人而言，如同对美好爱情、快意人生的憧憬。然而，创业日常更多的是柴米油盐、鸡毛蒜皮的事情，要像婚姻一样踏踏实实地过日子。

彼得·德鲁克有一句名言："企业家精神既不是科学，也不是艺术，它是一种实践。"为此，基于"五蕴模型"，我们尝试提炼了三个简约的工具，希望创业经理人以此来塑造自己、塑造团队，在长期的创业实践中不断精进。

工具一：多维透析

"五蕴模型"的基石是务实求真。厘清组织和个体当下的基本要素则是"求真"的第一步，这需要依赖多角度、多层次的透视分析。

人们的潜意识总是偏向于我们想要得到的事物，真实地描述了自我和这个世界。成长型企业家更常常陷于极端情境中：目标是星辰和大海，当下是雪山和草地；展现给团队、合伙人、投资人的是光明的前景，又要把眼前的遭遇说得云淡风轻；既要懂得如何找到水源，也要擅长望梅止渴……长期在兴奋和焦虑中生活，就会陷入"预期妄想症候群"的情境中，往往把自己忽悠了也浑然不觉。因此，成长型企业家、创业经理人具备多维透析的能力就弥足珍贵。

多维透析的角度包含时间维度、空间维度、层次维度和媒介维度。

我们仅从冰山一角来探寻"时间维度"，其至少需要厘清两个方面：预期和现状。

首先是明确预期的基本要素：目标、路径、环境、依赖条件、权变因子、可能性……我们尽可能呈现每一个因子，但不急于判断。

其次是清晰现状：组织或个体要清晰地掌握自己的“核心能力矩阵”。无论花花世界如何变幻，自己的几斤几两永远要心里有数。同时，要强化“相对优势圈”，即在特定时空范围内，在这个圈内，只要不犯错、只要没意外，组织和个人就可实现可持续发展。企业之间的博弈基本上是资源博弈，只要抓住机遇能赢得较多资源就足够了。

其他几个维度我们试着勾勒一下。

空间维度：所谓“橘生淮南则为橘，生于淮北则为枳”。无论是组织还是个人，进入一个新的情境，冷静地思考一下，谨慎地尝试一下：过往的优势和经验，哪些是可借鉴的？哪些是需要调适的？哪些是不得不摒弃的？

层次维度：竞争的基本层次是产品和服务，向更广的层次延展开去，包括客户体验、商业模式、价值链、生态圈。其中包含的因素不仅仅是“我”，还会有更多的“你”和“他”。未来将涌现更多的“共生型组织”，基于不同的愿景和目标，连接成不同层次、形态各异的“我们”。

媒介维度：作为组织或个人，你的“灰犀牛①”与“黑天鹅②”是什么？当它们蓦然出现时，你将其视为灾难、不幸，怨天尤人，还是沉着应对、绝地反击？在当今“万物互联”的世界中，各种有利的、不利的、清晰的、模

① 灰犀牛指的是太过于常见以至于人们习以为常的风险。
② 黑天鹅指的是极具罕见的、出乎人们意料的风险。

糊的因素看似与你无关，但或许对你影响深远。

工具二：行为雕刻

《动机与人格》中有一句话："为了避免对人性失望，我们必须首先放弃对人性的幻想"。当我们放弃了对人性中惰性部分的幻想的时候，用行为来驱动大脑就越发有实际意义了。

"五蕴模型"描绘了一个理想的思维和心智愿景，而最能影响心智的就是行为塑造——不断践行和持续改进。我们可以尝试以下两种"雕刻法"。

第一，以赛代练。组织尽可能地把个体置于真实对抗的环境下予以磨炼，就像球队一样直面比赛。在一场足球比赛中，面对实力高于自己的对手，力战不退者说明心力强大，进退有序者说明心智清明。作为前锋能够积极回防不惜体力，作为后卫防守尽职尽责又不时插上助攻，可谓既有跨界之心，又能安守本分。面对一个好机会，以大局为重不贪功，找到最佳出球点让队友建功立业、赢得比赛，考验的是格局。基本的作战能力是一切基础，来之能战、战则能胜者，才有资格"一艺孤行"。

在很多组织里，"会干的不如会说的"这种情况非常普遍。坐而论道的受众是老板，提刀上阵的受众是市场，赢得市场的难度远大于赢得老板的芳心。往往在企业成长的阶段中，市场反馈的周期长，并且价值兑现也不是清晰可见的。然而，球队的比赛不一样，上场队员的表现在与对手的对抗过程中一目了然。即使教练有个人的取舍，基本上掌握自己命运的还是球员自身的实力。

在中国电信战略 3.0 的转型中，训战结合的“创值营销”推广两年多来，在 22 个省落地生根，带来 26.4 亿元的收入增长。数字的背后是各省政企销售团队的实战历程：30 天、60 天、90 天……销售团队之间激烈竞争（白天学习、谈客户，晚上复盘、看排名），项目团队之间比拼进度、微信群里汇报战绩，这家老气横秋的央企居然燃起了创业型企业的激情。

用心打造一个真实、公正的赛场环境，让个体和组织的行为在竞争中充分打磨，实现从量变到质变的转变。

第二，饱和攻击，它指的是指高强度、高密度的事件驱动来代替空洞的管理说教。

我来举一个小例子。当我在 IBM 工作时，一直听说互联网公司出差只允许坐早班和晚班飞机。作为 14 年的 IBM 员工，一直以“人文关怀”自傲，对这种“不人性”的政策嗤之以鼻。多年以后，当我加入阿里巴巴集团工作时才发现，其实企业根本没有强行约束对于航班的选择，但为什么阿里巴巴集团的员工只乘坐早班和晚班飞机呢？原因很简单，事情太多了，经常是一早赶到一个城市参加一个会议，晚上又奔到另一个城市。久而久之，阿里巴巴集团的员工选择早班、晚班飞机就变成一种自发行为。

另外，职业经理人经常在成长型企业中陷入“自我证明”的悖论，越想证明自己就越容易单打独斗，越单打独斗就越难取得成绩，也越难证明自己。企业仅仅依靠觉悟和价值观是解决不了问题的。如果企业能够创造“高密度的事件驱动”的环境，使得职业经理人无论如何都必须寻求他人帮助，就能在机制上有意无意地为职业经理人与团队的融合创造条件。

华为的创始人任正非认为“从泥坑中爬起来的人是圣人”，这个“泥坑”就是高密度的事件驱动、高强度的实践检验。

工具三：矢量追溯

追和溯，是企业运营最常态的两个动作。追，强调的是跟踪、驱动。溯，强调的是分析、挖掘。成长型企业如何充分利用现有资源去支持个体和团队的快速成长，是一个比较突出的话题。一般意义的追溯方式，是索取大于赋能的，也是监管多于助推的。许多成熟型企业用来得心应手的管理工具，在特定的成长型企业中很难拿来就用。

矢量追溯来自矢量发动机。初创企业资源有限，就像发动机的燃料，企业发展方向的模糊就像飞机的机身。成长型企业经常遇到的情况是，资源和方向不匹配，经常出现资源错配，越发力越死，或者在正确的方向上资源不足、突破力有限。

矢量发动机是喷口可以向不同方向偏转，以产生不同方向推力的一种发动机。它可以灵活地控制飞机的姿态变化，保证飞机在低速或大角度旋转、操纵舵面几乎失效时，依然能利用推力矢量提供的额外操纵力矩来控制飞机的机动性。矢量追溯可以保证在方向机动变化的时候能够及时助力，在方向错误的情况下能够及时调整能量输出方向，而不是僵化地朝某个特定方向发力。

对员工说："如果你做 X，你就会得到奖励 Y"，其背后的假设是"系统是静态的"。然而，今天没有哪项业务是静态的。更根本的是，尽管有奖励很不错，但是没有哪种奖励能比为迎接挑战而做出重大贡献更具激励效果。我非常推崇目标，但是为实现目标而采用的常规管理办法都错得离谱。（摘自《奈飞文化手册》）

一个组织的健康程度就好像人类机体一样，它是内在因素与周边环境互动的产物。组织和个体的发展规律都有"时代特征"。工业时代的组织对个体的最高诉求就是秩序和效率，如同机器在工厂里有条不紊地运转一样；智能时代的组织如同网络一样，曲折嵌套、持续变动，追求的是灵活与创新。

矢量追溯在创业型组织中，意味着个体不断调整适应力，不断演化相互的关联结构，分享信息、充分赋能，让个体在"更新自我"时有机会"优化体系"。具体而言，它可以落实到以下三方面。

首先，响亮而清晰、明确而直接的反馈就像令牌一样，在组织与个体、个体与个体之间彼此赋能。心理学家约瑟夫·卢夫特和哈里·英汉姆认为每个人的性格都有四个部分，而其中两个部分的内容是其他人不知道的。这就是著名的"约哈里之窗"——

公开区：自己知道别人也知道的方面。

隐秘区：自己知道而别人不知道的方面。

盲区：别人知道而自己不知道的方面。

未知区：自己和别人都不知道的方面。

良好的反馈会帮助你发现并应对那些存在于你盲区中的性格。例如，阿里巴巴集团坚持的优良传统有晨会、周会、日报、周报、打卡、小记……这些举措对于成长型企业来说，是形成“反馈闭环”的重要组成部分。虽然有些压抑人性，但是从实践效能来看，还是大有裨益的。然而，需要注意的是，反馈一定是“助力赋能式”（对事情的反思、对人的欣赏和肯定）的，而不能是“监管批判式”的。

其次，信息的分享必须在机制上形成“广播模式”，而不能是“对讲和转述模式”。在工业时代，信息流的垄断和单向传播是价值产生的要素，也是权力寻租的来源。然而，在互联网时代，信息的开发、平等分享是核心原则。绝大多数企业，周报和日报都是下级写给上级，而在学而思国际教育集团，则是上级写给下级。下级写给上级是典型的单项监管，而上级写给下级则是广播式的众包互动。在成长型企业中，信息流的“广播模式”是自主追溯的、性价比最高的选择。通过信息的平等获取，让每一个人的行为都暴露在信息流中，多重信息交叉验证，自然地进行了去粗取精这一行为。另外，有价值的信息充分暴露，也能在传播中实现彼此赋能。

最后，构建一个让员工在行动中完善的弹性结构，使员工可以在运动中实现对目标和对手段两方面的修正，让员工不断实践、产生结果、形成反馈，实现“自发管理行为”和“相对绩效结果”的有因果关系的结构。在企业内外构建“信用价值驱动”体系，使得每一个有价值的行为都得到对应的认证，有可能形成下一波运营管理价值的爆发点。

针对以上三个工具（多维透析、行为雕刻、矢量追溯），我们目前还停留在探讨阶段。引用路德维希·维特根斯坦的一句话作为暂时的结束语：“凡是你能说的，你说清楚；凡是你不能说清楚的，留给沉默。”

参 考 文 献

[1] 亚伯拉罕·马斯洛. 动机与人格（第3版）[M]. 许金声，等，译. 北京：中国人民大学出版社，2007.

[2] 帕蒂·麦考德. 奈飞文化手册[M]. 范珂，译. 杭州：浙江教育出版社，2018.

[3] 瑞·达利欧. 原则[M]. 刘波，綦相，译. 北京：中信出版社，2017.

后记

我们两人的能量很不同。日新认为他“刀锋般锐利”（拨开真相、冷静抉择），我则欣赏“蜡烛般的温暖”（点燃光亮、驱逐黑暗）。一个是抽象、跳脱的理性思维，一个是具象、缜密的感性视角。我们经历了迷茫、争执、焦虑之后，方体验到“因相同而连接，因相异而成长”的美好。

2018 年，日新有一个兴奋的想法，是关于社会突变下职场人的转型。我洗耳恭听了他的两次分享，认真读了他十几万字的管理随笔。我绞尽脑汁，还是很难跟上他的跳跃思维，从中无法厘清一根线或一张网。

2019 年年初，日新再度一次次清晰地表述他的目标和愿景、讲他的思路。于是，我抛出一个个问题来，一遍遍地澄清或添加……终于，《创业经理人》的模子勾勒出来了，“五大核心素质”也浮出水面。

日新的学识很丰富，在远强于“996 工作制”[①]的状态下读那么多书，每章“参考文献”后标注的书大多是他读过的。日新的思路非常开阔，往往是

[①] 996 工作制指的是早上 9 点上班、晚上 9 点下班，中午和傍晚休息 1 小时（或不到），总计工作 10 小时以上，并且一周工作 6 天的工作制度。

我花了两天时间读完了他的一章概要，接着花了一周时间顺着思路细细写来。然后，他又有了新想法，又想推翻过往、更新一版。日新的工作节奏很快，频繁出差，天天更新书稿，笑言“坐高铁是一个写作文的好场所”，让我时常体验到“被追得一头汗”的焦虑。

好在“不适”往往催生“成长”。于是，我们的《创业经理人》融汇了管理学的冷静和心理学的温暖，汇集了五六个行业、三十多个创业经理人的案例。此书的截稿日也一次次提前：从 8 月 1 日，到 7 月 15 日，再到 7 月 12 日清晨。精准地把握时机、一次次地突破极限，在心愿与心力的支撑下既要“一艺孤行”，也要“顺势而为”。

在此书的写作过程中，我要感谢一些好朋友，他们不仅是我的智库、商业伙伴，也是我的心灵伙伴：溪山读书会的创始人许晖、微软公司加速器前 CEO 檀林、中关村人才协会的李志英老师、天涯社区的总裁杨晓敏、中国民航特聘专家刘清贵、千禧科技的仇序、北极光创投的张韫仪、诚通聚才的陈思旭，原本教育的孙合龙、北京大学国家发展研究院的王欣，以及“晒谷洱语”民宿客栈的当家人曾云……

曹宇红

写于大理晒谷

2019 年 7 月 11 日

我姑且认为宇红师姐在本书开篇说的格桑花就是我，虽然我的网名和在阿里巴巴集团的花名都是无花。

“创业经理人”这个概念是我在明略数据做销售副总裁时最早使用过的。初创企业招人很难，当时我绞尽脑汁找 HR 做了一个招聘长图，为了吸引眼球，就想了这么一个标题发到网上和朋友圈。当然效果还是乏善可陈，看来仅靠概念是唬不住人的。

后来，我成为明略数据的首席运营官，越发深切地体会到，在初创企业工作的思维和行为逻辑与在成熟型企业里有很大的不同，于是就把“创业经理人”这个想法反复琢磨了很久。创业真的很塑造人，经历了创业的艰辛让我认识到只靠自己是什么都做不成的，直到我遇到了宇红师姐……

我是一个眼高手低的人，很多时候突然蹦出一个火花就非常兴奋，但是怎么把这个火花变成火种、甚至火炬呢？我没什么办法，甚至没有兴趣。宇红师姐非常不一样，她有着超强的执行力和包容心。在创作的过程中，我今天有一个想法，明天又有一个主意，很多想法都只是一个感觉，非常没谱儿，而宇红师姐都能抽丝剥茧、化腐朽为神奇。我一直想从底层逻辑来参透成长型企业的用人哲学、职业经理人的转型之道，但是由于能力有限，往往只能抓住一瞬间微弱的亮光。虽然有来自 IBM、明略数据、阿里巴巴集团二十几年的工作经验，但多年的沉淀要想还原出本来面目，这完全超越了我现有的能力。然而，宇红师姐以职业导师、心理资本专家甚至精神护工的耐心、善意和智慧，还原并升华了在创业道路上精进的创业经理人的心路历程。

离开工作了近 15 年的 IBM、经历了五年的创业生涯，我自己就是典型的创业经理人。时至今日，即使书籍已经出版，我依然不敢妄言我能说得清、创业经理人的所思所为。这将是我未来职业生涯一个长久的追求——寻找成长型企业中“人的心智模型”的答案，这不仅是属于我自己的答案，也是属于我们这一代创业经理人的答案。

宇红师姐说，未来将有更多的“格桑花”野性绽放，我想我更愿意做静悄悄开放的那一朵……

唐日新

写于京广高铁热干面站

2019 年 7 月 11 日

反侵权盗版声明